Du même auteur

Au-delà de ma nuit : témoignage d'un designer aveugle,
Presses de la renaissance, 2010

Reconstruire
sa maison intérieure

Éric
Brun-Sanglard

Reconstruire sa maison intérieure

Être bien chez soi et en soi

cherche midi

Avec la collaboration d'Ariane Charton.

Vous pouvez consulter notre catalogue général
et l'annonce de nos prochaines parutions sur notre site :
www.cherche-midi.com

92, avenue de France
75013 Paris

Mis en page par Nord Compo
Dépôt légal : janvier 2020
ISBN : 978-2-7491-6217-1

Introduction

Le devoir de transmission : vous donner les clés pour être en harmonie chez vous et en vous

À 33 ans, j'ai perdu la vue à cause d'une infection virale. Je pensais vivre mes derniers jours. Selon mon médecin, il ne me restait plus que quelques semaines. Le cytomégalovirus (CMV), un virus connu pour être transmis par les chats aux enfants en bas âge, aux femmes enceintes et aux personnes dont le système immunitaire est déficient – ce qui était mon cas –, avait attaqué et détruit mon nerf optique, et il pouvait très rapidement s'étendre au cerveau. Mon corps n'avait plus la force de combattre la maladie, et les deux globules blancs qui subsistaient en moi n'allaient guère pouvoir me défendre.

Sur les conseils de mon médecin, j'ai demandé à mes

parents, qui résidaient en France, de faire le déplacement jusqu'aux États-Unis afin de me soutenir pour mon dernier voyage. À l'époque, je vivais depuis de nombreuses années à Los Angeles, où je travaillais dans la publicité de parfums, et je partageais mon temps entre cette ville et mes deux autres bureaux à New York et à Paris. J'étais désormais alité, et j'avais arrêté la chimiothérapie – qui avait endommagé mes reins – pour tenter de reconstruire mes défenses immunitaires. Je recevais fréquemment des transfusions de plasma dans l'espoir que ces dernières aideraient à stopper les effets destructeurs du CMV. Mais, malgré tout, j'avais accepté l'idée de ma mort prochaine. Je pensais faire mes adieux assez facilement à mes proches. Pourtant, une profonde angoisse m'étreignait : je me sentais non seulement coupable d'abandonner les êtres qui m'étaient chers, mais j'avais aussi et surtout l'impression terrible d'avoir manqué mon passage sur terre, de ne pas avoir rempli ma mission.

Quelle était cette mission ? Je n'en avais aucune idée, mais il était évident que j'avais quelque chose à apporter à mon entourage, à réaliser avant de mourir. Cette impression, cette certitude m'obsédait. Ce fut le déclic qui me donna la volonté de me battre à nouveau.

J'imaginais alors mon système immunitaire comme un feu qui s'éteignait. Seules quelques braises rosâtres persistaient. Mais quand je les visualisais en me concentrant, elles reprenaient de l'intensité, passant du rosâtre à un rouge lumineux. Fréquemment, durant mes journées, je refaisais cet exercice. Et progressivement, ces braises ont ranimé mon feu intérieur, qui s'est transformé en fournaise. De même, j'ordonnais à voix haute à mes deux seuls globules blancs : « *Make babies !* », « Faites des enfants ! » Je les avais d'ailleurs surnommés Adam et Ève. Par ce travail de visualisation et de persuasion, comme par miracle, et à l'étonnement de mes médecins, ma force revint, et la progression du virus fut stoppée. Avec l'aide supplémentaire de nouveaux médicaments révolutionnaires, approuvés en urgence par les autorités médicales américaines, j'ai échappé à une mort imminente.

Le temps était alors venu de se rétablir et de se reconstruire. Je pris la décision de relancer les travaux entamés dans ma maison quelques mois plus tôt et laissés en suspens à la nouvelle de mon fracassant diagnostic. Probablement dans un état de déni, mais avec la volonté de me battre, j'avais décidé de ne rien changer à mes projets et donc de continuer ces travaux malgré ma situation précaire. Je ne travaillais plus depuis des mois, et les frais médicaux à honorer étaient énormes : je n'avais d'autre solution que de finir la rénovation de ma propriété pour la vendre au meilleur prix possible.

Aveugle, je devais alors redécouvrir cet espace, d'abord

par le toucher, puis à travers mes autres sens. C'est durant cette réappropriation que j'ai pris conscience de l'impact de chacun d'entre eux sur mes choix : qu'il s'agisse des matériaux, de la disposition et de l'agencement de la cuisine, de ceux de la salle de bains ou de tout mon ameublement. **Sans même m'en rendre compte, en reconstruisant mon habitation, je faisais de même avec ma santé et ma maison intérieure – c'est-à-dire mon esprit désireux de bien-être.** Et peu à peu, je me suis passionné de plus en plus pour ce monde de la rénovation ; accompagné de mes artisans, nous devions trouver des solutions pour matérialiser les émotions que je leur décrivais et que j'apprenais moi-même à apprivoiser. C'était pour eux une nouvelle manière d'approcher leur métier et, pour moi, de participer à chaque phase de la reconstruction. Plus tard, le fait de vendre ma propriété fut comme une fierté, un défi surmonté avec succès. Malgré la tristesse de quitter ces lieux, j'étais soudainement animé par un désir de recommencer l'expérience. Avec le profit de la vente, j'ai commencé à acheter et à rénover des maisons que je revendais, à ma grande surprise, à un montant bien supérieur à celui du marché.

Ce n'est que bien plus tard que j'ai mis des mots sur ce devoir d'accomplir une mission, ressenti si intensément quand j'étais sur le point de mourir. **Une fois non-voyant,**

j'ai dû me familiariser avec un nouveau monde sensoriel et relever de nombreux défis, au prix d'immenses souffrances, mais j'ai appris à me découvrir : j'ai pris conscience que ces leçons de vie, les clés que j'avais utilisées pour surmonter ces multiples challenges, ne m'appartenaient plus, je devais en faire profiter les autres. Voilà la mission que je me devais d'accomplir.

Déjà connu comme le designer aveugle, « *The Blind Designer* » grâce aux maisons que je rénovais, cette révélation s'est faite définitivement lorsque j'ai été encore plus médiatisé par une émission télévisée intitulée « *Designing Blind* » et diffusée sur une grande chaîne américaine. Je venais en aide à des couples qui emménageaient ensemble, qui avaient subi une perte d'emploi et devaient partager l'habitation avec leurs parents ou leurs beaux-parents, qui avaient vu leurs enfants quitter la maison et qui réapprenaient à vivre à deux, et bien d'autres cas encore.

Je les accompagnais autant dans le réaménagement de leur espace que dans leur problématique de vie. Je leur montrais qu'en changeant leur logement, ils feraient également évoluer leur relation, pour le meilleur. J'en profitais pour partager mes techniques d'architecte d'intérieur aveugle, mais surtout je démontrais que, en tant que « handicapé », je pouvais réaliser les travaux et des changements d'ameublement nécessaires tout en apportant une valeur ajoutée : harmoniser tous leurs sens dans

leur environnement et créer un bien-être total. À la même période, j'avais également commencé à travailler à mon compte, pour mes propres clients – toujours dans l'idée d'accomplir ce devoir qui était le mien, désormais.
Si j'ai écrit ce livre, c'est pour continuer à remplir cette mission qui me tient tant à cœur. En soulignant l'importance des sens, nécessaires à l'harmonie de notre intérieur, j'aimerais vous apporter des solutions pour découvrir votre maison – celle dans laquelle vous vivez et celle qui vous habite – sous un autre angle. Je vous emmènerai dans chaque pièce, l'une après l'autre, en vous expliquant l'influence de chacune d'entre elles sur votre vie quotidienne, mais également sur votre maison intérieure. Ainsi, je vous montrerai comment s'approprier chaque espace afin de maximaliser l'impact positif qu'il aura sur votre bien-être, chez vous et en vous.

1

Et si nos fissures, une fois assumées, nous offraient l'opportunité de nous reconstruire ?

Fondations

Ce mot désigne la base d'une maison. Dans notre maison intérieure, c'est la colonne vertébrale, grâce à laquelle nous nous maintenons debout et avons assez d'équilibre pour avancer dans notre vie.

Parfois, nous devons subir un choc pour prendre conscience que notre colonne vertébrale est défaillante et que nous risquons de tomber, voire de devenir paralysé. Une fois que nous nous en sommes rendu compte, soit nous nous écroulons, soit nous faisons tout pour reconstruire nos fondations.

Ainsi, je me dois d'évoquer la maison que j'ai acquise à l'âge de 37 ans. J'en avais alors assez de vivre dans des projets immobiliers, d'acheter dans l'optique de revendre peu de temps après. Pour la première fois depuis que j'avais perdu la vue, je ressentais le besoin de me poser, de créer mon propre cocon.

Vous serez peut-être surpris d'apprendre que cette maison était pleine de défauts et de fragilités, et que je l'ai pourtant achetée sans hésitation. Folie ? Non, **la maison nous choisit, elle aussi, parce que nous lui ressemblons**.

Ce n'était ni la première ni la dernière maison que je devais acquérir mais, à ce moment-là, j'imaginais qu'elle serait mon point de chute définitif. Le jour où j'ai été contacté par mon agent immobilier pour visiter le petit bijou que je recherchais, et qui correspondait à mes nombreux critères, je sortais de l'hôpital après avoir subi une grosse intervention sous anesthésie générale. L'agent et la personne qui m'accompagnaient m'ont alors conseillé de reporter le rendez-vous, mais j'ai préféré suivre mon intuition : quelque chose me disait que c'était LA maison de mes rêves et que, si je ne m'y rendais pas tout de suite, quelqu'un l'achèterait à ma place. Et les faits m'ont donné raison : le propriétaire a eu une autre offre le même jour.

Cette maison se situait sur les hauteurs de Hollywood, à l'entrée de Beverly Hills, dans un quartier que je connaissais bien – pour l'avoir beaucoup fréquenté avant de devenir aveugle. Elle était notamment placée sur les collines, au-dessus du Whisky à gogo, célèbre club des années 1980. Elle dominait Los Angeles d'où l'on pouvait apercevoir les plages de Santa Monica et également les avions décoller au loin sans les nuisances sonores de la ville. Acheter dans ce quartier était un symbole de réussite. Une réussite superficielle, comme j'en ai pris conscience ensuite, mais qui était très importante pour moi à cette période de ma vie. J'étais aveugle mais je refusais de me définir en tant que tel. J'étais connu comme le « designer aveugle », médiatisé et admiré. Tout comme Stevie Wonder avec la musique, je voulais cacher mon handicap derrière la réussite. Et détail qui n'en est pas vraiment un : cette maison était la plus banale et la plus modeste du quartier ! Elle avait de quoi rebuter plus d'un acheteur qui aurait oublié que l'aspect d'une demeure peut toujours évoluer. Je pense que ma cécité me permettait d'ignorer ce que les autres voyaient ; au contraire, je visualisais déjà ce que la maison pouvait devenir. Par expérience, dans un beau quartier, il vaut toujours mieux acquérir la bâtisse la plus laide car, en l'embellissant, vous serez toujours gagnant le jour où vous voudrez la revendre.

Si cette maison reste la plus symbolique de toutes celles que j'ai achetées et dans lesquelles j'ai vécu, c'est parce qu'elle représente un défi plus personnel, plus intime. En effet, c'est la maison pour laquelle je me suis le plus investi émotionnellement. Celle où j'ai connu une véritable

renaissance. Celle qui m'a permis de travailler sur mes fondations intérieures.
Construite dans un style typique des années 1950, avec son toit plat, elle était plutôt « classe moyenne » que « haut standing ». L'intérieur n'était ni engageant ni adapté au goût du jour : moquette dans toutes les pièces, toute petite cuisine, deux salles de bains mais un seul W-C, une piscine sur la terrasse dotée d'un moteur très bruyant. Le terrain sur lequel la maison avait été bâtie était plat et triangulaire. La plupart des pièces étaient trapézoïdales. Outre ses formes peu harmonieuses, elle était directement construite sur une chape de béton qui s'était largement fissurée lors d'un tremblement de terre. L'agent immobilier m'expliqua que les fissures se concentraient de l'entrée au milieu du salon : elles traversaient donc une partie importante de la maison, s'invitaient dans le quotidien du propriétaire. Même si elles étaient cachées sous l'épaisse moquette blanche, il était impossible de ne pas les prendre en compte, de se voiler la face.
J'ai pourtant décidé d'acquérir cette propriété, malgré ses fissures, et inconsciemment choisie pour ses graves défauts. **Ce tremblement de terre, qui l'avait fragilisée, était le reflet du tremblement de terre que je venais moi-même de subir.** La cassure physique de la maison faisait écho à la cassure affective, émotionnelle que je vivais alors avec une très grande intensité.

Cet achat était un challenge : soit la maison et moi survivions, soit nous continuions à nous détériorer avant de finir par nous écrouler. Elle et moi étions en symbiose, unis dans l'adversité. J'avais besoin d'essayer de relever ce défi et de me dépasser. En voulant donner une nouvelle solidité, une nouvelle base à la maison, je cherchais moi-même à me reconstituer, à retrouver l'usage de ma colonne vertébrale.
Que m'était-il arrivé ? Lors de cet achat, j'avais déjà perdu la vue depuis plusieurs années. Je venais de me séparer de Yann, mon compagnon de longue date. Âgé de huit ans de moins que moi, je l'avais connu alors qu'il était étudiant en psychologie. C'est lui qui m'avait soutenu lorsque j'étais tombé malade. Un soutien physique – puisqu'il était littéralement mes yeux mais aussi mon infirmier pour de nombreux traitements – et un soutien psychologique, une présence constante. Yann partageait toutes mes souffrances. J'ignore si nous aurions fait toute notre vie ensemble, mais une chose est sûre : mon état de santé, ma cécité nous ont peu à peu fragilisés. Il y avait eu d'abord le séisme qu'avait représenté l'annonce de la maladie, puis des répliques successives, de plus ou moins grande intensité, qui avaient progressivement fissuré le ciment de notre couple. Un choc, un bouleversement dans notre vie a généralement des conséquences plus tardives. Nous croyons nous adapter à l'après-traumatisme

au nom de « l'amour qui reprend le dessus », mais la faille demeure. Notre rupture s'est faite d'un commun accord. Yann avait mis sa carrière entre parenthèses depuis des années, il ne vivait que pour moi et, à presque 30 ans, il désirait aussi se réaliser professionnellement, connaître une autre vie, d'autres amours, ne plus être dans mon ombre. En effet, bien qu'étant le plus « faible » du couple physiquement, c'était moi le « *Blind Designer* », toujours mis en lumière. De mon côté, même si Yann était ma béquille, je voulais me prouver que j'étais capable de m'assumer, de vivre seul. Une liberté certes difficile à gérer au quotidien, d'abord matériellement, mais dont j'avais besoin pour me sortir de cette situation de dépendance, aussi confortable qu'aliénante. C'est une fois seul que j'ai pris conscience que Yann avait jusqu'alors été littéralement ma colonne vertébrale.

La maison – aux fondations aussi fragiles que les miennes – était un signe du destin. Il fallait que je l'habite, que je la reconsolide en même temps que je me reconstruisais. Pourtant, pour les autres, je pouvais apparaître comme quelqu'un de solide, de même que la maison qui semblait *a priori* saine et accueillante dans ce quartier huppé.
J'avais 9 ans, âge où mes parents m'ont envoyé à l'internat, lorsque j'ai appris à m'endurcir afin de me protéger des moqueries des autres. Je parvenais à cacher mes

peurs, mon sentiment d'abandon, tout ce qui pouvait s'apparenter à de la faiblesse. Cette supposée solidité m'a suivi toute ma vie, et mes proches se sont alors confiés à moi, notamment pour me confier leurs déboires, à commencer par ma mère qui pensait que j'étais en mesure de tout entendre, de tout assumer. Nul ne se doutait que, derrière cette armure que je m'étais construite, je pouvais souffrir. Et même aveugle, cette impression de solidité ne m'a pas quitté puisqu'on m'a surnommé le « *Super Blind Man* », en référence à Superman.

Bien sûr, cette personnalité d'homme fort, je ne la devais qu'à moi-même mais, au fond de moi, je savais qu'elle était en partie fausse et j'ignorais comment changer, comment rétablir *ma* vérité dans les yeux des autres. D'une certaine façon, en choisissant cette maison avec sa faille dissimulée sous une épaisse moquette, ces pièces aux formes étranges, je cherchais également à me dévoiler à travers ses défauts. **Dis-moi quelle maison tu as choisi d'acheter, et je te dirai qui tu es !** Cette demeure était à la fois révélatrice de ma force – puisqu'elle devait être ma première maison d'aveugle – mais aussi de mes fragilités jusqu'ici cachées.

Malgré la rupture, le sentiment d'être démuni, d'être un peu plus estropié encore, je n'ai pas reculé face aux difficultés. J'avais envie de résoudre les graves problèmes de fondation de la maison et ceux qui m'étaient propres, intérieurs. Je voulais faire de cette demeure une forteresse, non dans le sens d'un lieu dans lequel je me serais retranché, pour m'isoler du monde par peur, mais dans celui où cette maison, après travaux, devait être le symbole de ma force, de mon équilibre retrouvé.

Dans mes plans, j'avais prévu d'agrandir la maison côté entrée, vers la rue, qui était en cul-de-sac. J'en ai donc profité pour démolir une partie de la dalle de fondation abîmée afin de la relier à l'extension de la nouvelle dalle par un système de ferraillage. L'entreprise fut un succès, et mon projet a redonné stabilité à l'habitation mais aussi une nouvelle énergie, une nouvelle allure par son réaménagement complet.
J'ai remplacé le porche par une solide porte de style indien. Celle-ci s'ouvrait non pas sur la maison mais sur un patio par lequel on accédait à la grande entrée. Ensuite, j'ai transformé toutes les pièces, créé une seconde chambre d'amis et sa salle de bains privative. Pour la première fois, j'ai défini les contours d'une maison pour moi seul. Elle était de moi et pour moi à 100 %. Elle constituait une avancée certaine dans ma vie, ouvrait sur un nouvel avenir alors que j'étais dans la deuxième moitié de la trentaine. J'ai compris aussi, par mes choix en matière d'aménagement, que réparer les fissures physiques de mon habitation et celles psychologiques de ma maison intérieure

était une façon d'assumer non seulement mon présent mais aussi mon passé. La maison était déjà dotée d'un patio, ce qui m'a donné l'idée d'en aménager deux autres, et j'ai décidé de reprendre les codes des riads traditionnels mais avec des lignes épurées, des matériaux nobles et design. Pourquoi le Maroc ? C'était le pays où avait grandi mon père, et où j'étais allé plusieurs fois durant mon enfance. Mes grands-parents paternels y vivaient une partie de l'année, et nous leur rendions visite. Si j'étais sensible à l'exotisme, au charme de la vie et de la culture marocaines, ces vacances étaient pénibles pour moi parce que je n'appréciais pas mes grands-parents. Ils étaient froids, rigoureux, jamais affectueux. Tout le contraire de ma grand-mère maternelle. Ce choix d'aménagement assumé, réfléchi, personnel était donc une sorte d'exutoire, une façon de me réconcilier avec mon passé, mon enfance, mes grands-parents et d'accepter les souvenirs douloureux qui leur étaient attachés.

J'ai dû vendre cette maison environ trois ans plus tard. Symboliquement, j'ai même choisi le jour de mes 40 ans pour donner les clés aux nouveaux propriétaires. J'avais dû la revendre pour payer des dettes à la suite d'une indélicatesse de Ian, mon associé avec lequel j'avais créé une entreprise de design et de rénovation. Une nouvelle fragilité se faisait jour dans mon existence. J'étais trahi par la personne à qui j'avais confié mes fêlures et qui avait été témoin de ma résurrection. Mais au lieu de me handicaper, cette nouvelle épreuve m'est apparue comme un signe du destin. Une nouvelle décennie commençait pour moi. **Changer de lieu de résidence, abandonner ces murs que j'avais consolidés et transformés était l'occasion de puiser encore dans mes forces pour me prouver que j'avais d'autres choses à construire et d'autres démons à exorciser.**

Que faut-il retenir ?

D'abord, le choix d'une maison et son agencement reflètent bien sûr nos besoins, nos envies matérielles mais constituent aussi une réflexion sur notre situation personnelle. Vous vous réveillez un matin avec le désir de réaménager votre intérieur, donc de bousculer vos habitudes pour changer de cadre ? Ou bien vous décidez de sauter le pas, de déménager et d'acheter une maison, un appartement ?… C'est sans doute qu'au fond de vous vous sentez que quelque chose ne va pas dans le lieu que vous habitez. Plongez dans votre maison intérieure. Que remarquez-vous ? Cela peut commencer par une toute petite fissure à peine perceptible (ou que vous dissimulez plus ou moins volontairement) et qui, au fil du temps, s'agrandira et finira par tout fragiliser. Votre maison a subi des traumatismes. Interrogez-vous : pourquoi vous intéressez-vous aujourd'hui à ces failles ou pourquoi acceptez-vous enfin de les voir ? Vous découvrirez certainement qu'elles révèlent, en profondeur, quelque chose de vous.

La solidité, aussi bien celle de la maison que celle qui est en nous, a besoin de son contraire – la fragilité – pour mieux s'exprimer. N'ayez pas peur de regarder vos fragilités en face, elles sont votre force future !

2
Que révèle l'extérieur de notre maison sur nous-même ?

Extérieur

Pour la maison dans laquelle nous habitons, c'est l'allure du bâtiment mais aussi ce qui l'environne, le quartier. Pour notre maison intérieure, c'est notre apparence, ce qui se dégage de notre personne au premier coup d'œil.

La façon dont nous nous habillons, notre âge, notre physique transmettent des informations, délivrent un message aux autres. Le lieu où nous vivons répond à cette même logique. **Vue de l'extérieur, notre maison reflète ce que nous sommes, ou tout du moins ce que les autres perçoivent de nous au premier abord.** L'habitation a-t-elle un véritable style, semble-t-elle authentique ou, au contraire, se donne-t-elle des airs pour être ce qu'elle n'est pas vraiment en ayant recours à des « déguisements » ? Est-elle banale, se fond-elle dans le paysage ou s'exhibe-t-elle ? Notre maison a-t-elle une histoire à raconter, une personnalité qui lui est propre ?

Bien avant de trouver ma voie en tant qu'architecte d'intérieur, j'étais déjà sensible à cette question. J'en ai pris conscience à l'occasion de mon premier voyage aux États-Unis, dans le Maryland, chez l'un de mes cousins. Ce séjour de trois semaines, durant l'été, avant d'entrer en terminale, avait pour but d'améliorer mon anglais, alors assez médiocre.

La demeure de mon cousin se situait dans un quartier résidentiel. Elle était bâtie en retrait de la rue. Une pelouse bien verte s'étalait devant elle. Le quartier était si éloigné de ce que j'avais l'habitude de voir que j'étais curieux de l'explorer. Un soir, avant le dîner, je décidai donc d'aller me promener seul. Au bout d'une demi-heure, alors que je voulais rentrer, je fus pris de panique : je m'aperçus que toutes les rues se ressemblaient et que les maisons étaient quasi identiques. Chacune d'entre elles était en effet construite à une vingtaine de mètres de la rue, précédée d'un gazon bien vert et bien tondu. Cinq styles de maison se répétaient comme à l'infini : le méditerranéen, au crépis grossier et aux toits en tuiles couleur *terracotta* ; l'anglais aux briques décoratives ; le « cape Cod » avec ses façades faites de bardages et ses toits en bardeaux ; le français aux fausses pierres de taille dans les angles ; et, enfin, l'alsacien, avec ses maisons à colombages. Toutes étaient peintes dans des tons clairs : blanc, beige ou gris, agrémentées de volets aux couleurs contrastantes. Elles comportaient également une partie bétonnée à gauche de leur pelouse, devant le garage où deux voitures pouvaient se garer.

Il était impossible, pour un Français comme moi, de trouver des repères. À l'époque, au début des années 1980, il n'existait que peu de lotissements en France aux maisons si semblables. Le modèle d'urbanisme américain auquel j'étais confronté était totalement déroutant. Il me semblait aussi propret que dénué d'identité et de personnalité. J'avais l'impression de déambuler dans un quartier fantôme où aucune maison n'était habitée. Mon errance a duré près d'une heure avant que je parvienne à retrouver miraculeusement la demeure de mon cousin… grâce à sa voiture garée devant ! La marque de sa propre automobile est quasiment le seul moyen de se différencier des voisins. C'est ce qui m'a « sauvé » ce jour-là.

J'ai vite compris que, dans la culture américaine de classe moyenne, ce n'est pas la maison qui permet de se distinguer, du moins d'un point de vue extérieur. Les propriétaires sont sous la contrainte de règles décidées par des associations de quartier, laissant peu de place à la fantaisie côté rue. Plus tard, j'ai appris que beaucoup d'habitations se différenciaient grâce à la végétation et à d'autres petits détails discrets.

Dans le quartier de mon cousin, les propriétés étaient toutes visibles depuis la rue et, pourtant, elles ne dévoilaient rien de leurs propriétaires puisqu'elles se fondaient dans une masse standardisée. Une forme de camouflage comme une autre !

Pour ma part, je conseille toujours, dans la mesure du possible, d'isoler sa maison de la rue. C'est une façon de préserver l'intimité du lieu, voire sa virginité, et d'éviter qu'il ne soit jugé au premier coup d'œil ou n'attire trop les curieux. C'est aussi un moyen de gagner en liberté : à nous de décider ce qui, au premier regard, doit être perçu de la maison, et plus largement de notre vie personnelle. Tout, ou presque rien !

Et c'est à nouveau aux États-Unis, et plus exactement à Los Angeles, que j'ai constaté que ces deux extrêmes cohabitaient. Soit on se cache, soit on s'expose à outrance.

Construire des murs avec un portail d'entrée ou un système de haies, ou même combiner les deux, sont des moyens auxquels j'ai souvent eu recours pour des clients célèbres qui ne voulaient pas être exposés aux regards des curieux ou, pire, aux objectifs des paparazzis.

J'ai également travaillé dans le quartier prisé de West-Hollywood où les règles de voisinage interdisent des murs continus de plus de 2 mètres de long. J'ai cependant réussi à respecter le règlement en favorisant la tranquillité des propriétaires : ainsi, j'ai fait construire des panneaux de deux mètres sur deux mètres encadrés de bois, dont l'intérieur était en matière végétale. Je les ai ensuite installés en décalé et en alternance, séparés d'une distance d'environ 20 centimètres. Dans ces interstices, j'ai placé une plante exotique. J'ai aussi fait disposer quatre colonnes en béton recouvertes de ciment, intercalées entre certains des panneaux. Deux d'entre elles accueillaient un portail pour les piétons ; les deux autres étaient dédiées au portail d'accès pour les voitures. Chacun d'eux était fait de panneaux en bois couleur café, entourés d'un cadre en acier brossé. Ce système de paravent était à la fois protecteur et esthétique. Il se fondait dans le jardin tropical entourant la villa. Palmiers, fougères arborescentes, bambous de diverses variétés, bassins, fontaines et autres plantes exotiques transportaient le propriétaire et ses visiteurs loin de la folie de la ville. La maison, peinte en blanc cassé, était ainsi en harmonie avec le jardin. Les pavés alternés qui menaient au portail rappellaient les paravents, tout comme la porte d'entrée – en verre cerclé de bois, en forme d'arche. L'ambiance se prolongeait à l'arrière de la villa avec une terrasse en bois exotique, également couleur café.

De cette manière, la maison s'était réapproprié son espace tourné vers la rue – le dehors –, créant une ambiance privée, une sorte de jardin secret, avant même d'atteindre l'intérieur de la villa.

Selon moi, il est important de pouvoir se familiariser avec l'énergie des propriétaires qui habitent les lieux, avec l'univers qu'ils désirent dévoiler dès que l'on quitte le trottoir, l'espace public, pour accéder à la maison. Vous verrez, dans un autre chapitre, combien l'entrée, cet espace de passage entre le dehors et le dedans, est préparée, presque dictée par l'extérieur.

Que faut-il retenir ?

Les murs, à la manière de nos vêtements, de nos accessoires, tout ce qui constitue notre look, créent un espace de sécurité entre les autres et nous-mêmes. Soit nous nous dissimulons derrière un style neutre ou classique, soit nous nous exposons avec une allure particulière. Dans tous les cas, choisir, en conscience, son apparence, c'est agir sur le regard des autres. Agir pour cacher, voire manipuler, ou tout simplement transmettre un message.

Notre habitation en dit long sur nous, et généralement nous ressemble, même vue de l'extérieur. Si nous vivons en immeuble, nous ne pouvons pas intervenir sur la façade ; en revanche, il nous est possible de choisir le quartier, selon son ambiance, son environnement. Ces préférences ne sont pas non plus anodines. Une maison nous laisse une plus grande latitude pour modifier son aspect extérieur ou son accès depuis la rue, influant sur la première approche que les visiteurs en auront, et sur la façon dont ils appréhenderont l'énergie qui se dégage du lieu et de son propriétaire.

3
Votre maison, c'est vous

Style

Comme nous, chaque habitation a sa propre allure, sa propre silhouette. Mais cette apparence ne doit pas nécessairement influencer l'agencement intérieur.

L'essentiel pour une habitation – maison ou appartement – c'est qu'il vous ressemble, qu'il soit le miroir de votre personnalité, de vos passions. Une habitation a une âme, une histoire qui se développe au fil des ans, suivant le déroulement de notre existence personnelle, familiale. La maison n'est pas seulement une adresse. Elle est même d'abord un toit, dans le sens de refuge, de lieu abrité dans lequel la vie intime est protégée.
Votre maison, c'est vous.
Votre physique n'est pas toujours en accord avec votre

personnalité, il est possible qu'il en soit de même avec votre maison. Pour différentes raisons, vue du dehors, elle peut ne pas vous ressembler sans pour autant vous trahir ou vous dissimuler. L'extérieur d'une habitation ou d'un immeuble, avec son architecture particulière, n'est pas nécessairement similaire aux intérieurs.
Comme je l'ai expliqué dans le deuxième chapitre, l'abord d'une propriété peut dire déjà beaucoup de son habitant. Il donne souvent le ton et peut parfois transporter ses visiteurs dans un univers totalement différent de celui dans lequel il est situé. Mais il ne faut pas en faire une règle absolue. À Paris, selon l'arrondissement où vous habitez, on vous catalogue rapidement, alors que votre immeuble et votre appartement peuvent être cossus dans un quartier considéré comme populaire, et inversement. D'une certaine manière, selon l'environnement où se trouve votre habitation, cet abord est comme l'écrin qui met en valeur ou dessert la propriété.

Nous pouvons distinguer trois impressions, parfois très différentes les unes des autres, lorsqu'on découvre une maison.
Premièrement, ce que l'on en aperçoit de la rue. La voit-on ? Est-elle cachée par des murs, des haies ou un jardin ? Quelle première impression veut donner le propriétaire à ses visiteurs ?

Deuxièmement, quand on franchit le portail, et que se dévoile la maison ou l'immeuble. Comment réagissons-nous face à son architecture, sa taille, sa couleur et à celles des éléments décoratifs éventuels ? Est-ce bien entretenu, soigné ? Son abord est-il en accord avec l'architecture du bâtiment ou est-il très contrastant ?
Troisièmement, notre réaction en entrant dans l'appartement ou la maison. L'intérieur est-il en adéquation avec l'extérieur ? Ou, au contraire, y a-t-il un grand contraste entre l'extérieur et l'agencement intérieur ? Dans les deux cas, on découvre le vrai style du propriétaire puisqu'on s'introduit dans sa sphère privée. C'est la même expérience lorsqu'on rencontre quelqu'un pour la première fois. Sa façon de s'habiller, son parfum et sa voix nous donnent certaines informations qui influencent l'idée que l'on se fait de lui. Puis, quand on commence à parler avec lui, on entre un peu dans sa maison intérieure et on découvre sa véritable personnalité.
Bien sûr, choisir d'habiter une ancienne ferme, un appartement dans un immeuble haussmannien ou un chalet n'est pas anodin. Je conseille donc plutôt à mes clients de renforcer au maximum l'identité architecturale du bâtiment. Par exemple, si la maison est située en montagne et si son style s'approche de celui d'un chalet, je soulignerai l'identité de la structure : j'ajouterai des traitements de façades et des balcons en bois plutôt qu'en fer forgé ou en ciment. Le

granite sera plus approprié comme élément de décoration que des pierres calcaires, et je ferai poser des volets en bois naturel, sans peinture. **Être en harmonie avec l'extérieur est signe de bien-être chez soi.** Cela signifie que l'on ne s'est pas trompé en choisissant telle ou telle habitation. Bien sûr, bon nombre de bâtiments n'ont pas un style d'architecture bien défini ou particulier. La liberté est donc plus grande pour les occupants.

Depuis que je suis installé en Provence, j'ai transformé plusieurs fois des mas – terme local pour désigner des fermes – en résidence. En architecture, il faut souvent oser, et d'autant plus avec des bâtiments anciens qui nécessitent d'être restructurés, comme les fermes provençales. À l'origine, les fermiers vivaient au premier étage et le rez-de-chaussée était occupé par les animaux, qui y entraient par une grande porte à deux battants. Selon la taille de la ferme, vous pouviez également trouver une seconde porte par laquelle les fermiers passaient le foin pour le bétail. Les autres ouvertures au rez-de-chaussée étaient petites et n'apportaient qu'une aération aux animaux.
J'aime, quand je travaille sur ce type de bâtisse, faire installer de grandes ouvertures au rez-de-chaussée, côtés sud, est et ouest, pour qu'y pénètre un maximum de lumière afin d'éclairer les pièces à l'origine très sombres

et monastiques. Quant à la face nord, au rez-de-chaussée comme à l'étage, il n'y a pas d'ouvertures, ou alors très petites, pour se protéger du mistral l'hiver et créer des courants d'air l'été. Tout en l'adaptant à un autre usage, il faut aussi respecter la conception initiale d'une bâtisse, à la fois pour ne pas lui faire perdre son identité architecturale mais aussi pour se conformer à la manière dont elle a été pensée il y a des siècles afin d'être la plus appropriée au climat.

Dans un mas, vous imaginez peut-être que l'intérieur doit être simple, presque spartiate et rustique, pour que l'aménagement coïncide avec l'architecture. J'ai pourtant un bel exemple du contraire à vous donner, celui d'un collectionneur d'art contemporain avec qui j'ai travaillé. Ma mission était de créer un espace de vie au sein d'une vieille bâtisse en pierre dans le but de mettre encore plus en valeur ses œuvres d'art dans un environnement minimaliste. Le contraste était à la fois fort et sobre.

Les murs, peints en blanc, ou en pierres apparentes, étaient parfaits pour y accrocher ses grandes toiles. J'ai repensé l'intérieur de la ferme en maison contemporaine, tout en préservant l'identité architecturale du mas provençal. J'ai ainsi ouvert les plafonds dans le grand salon jusqu'à la charpente, éliminant en partie le second étage pour donner l'illusion d'un loft. Cet espace plus aéré permettait d'exposer certaines pièces de la collection, notamment des

sculptures imposantes. Un autre défi, non moins passionnant, était d'intégrer d'autres grandes sculptures dans le jardin. Je devais placer les œuvres dans cet écrin naturel et organique mais en donnant l'impression qu'elles avaient toujours été là. Contre toute attente, ces pièces colorées, souvent faites de courbes de métal et de ciment, se mariaient parfaitement avec les murets en pierres sèches, les oliviers et les cyprès.
Je sors toujours enrichi de ce genre de challenge : c'est comme si j'avais été un peu contaminé par les passions et le savoir de mes clients.

Peu après, j'ai travaillé sur un autre projet, qui, cette fois, respectait beaucoup plus le style provençal. Un genre résolument traditionnel qui, finalement, s'avéra plus difficile à réaliser pour moi car plus éloigné de mon propre univers. Mais la demande de mon client n'était pas moins réfléchie que celle de l'amateur d'art. Il ne cherchait pas à imiter des maisons vues dans les magazines de décoration : il voulait simplement que sa maison reflète sa personnalité. Né en Provence, il désirait préserver les traditions liées à ses origines. Afin de respecter ce style, j'ai fait installer des fenêtres à petits carreaux, une grosse cheminée en pierre du Gard dans le salon ainsi qu'une autre plus petite dans la chambre du maître de maison, une cuisine plutôt campagnarde, un parquet à l'étage et des dalles en pierre au rez-de-chaussée, une baignoire sur pieds et une douche derrière un mur carrelé dans la salle de bains.

Il m'est également arrivé d'intervenir pour des appartements haussmanniens. Je me souviens notamment d'un client qui souhaitait absolument rester en accord avec le style de l'immeuble. Il était tombé amoureux de son appartement dès la première visite : il adorait ses moulures, ses parquets en point de Hongrie et, bien que condamnées, ses cheminées en marbre dans la plupart des pièces. Il m'a ainsi demandé de créer un intérieur que l'on aurait pu trouver à l'époque de la construction de l'immeuble. L'ensemble des meubles était du pur Napoléon III. Certains murs étaient peints en vert Empire, d'autres étaient recouverts de tentures ou de rideaux bien lourds avec leurs tringles en bronze terminées par des flèches. Les salles de bains ainsi que la cuisine étaient en marbre blanc ou gris, tout comme les plans de travail. Pour atténuer la sensation de froid de ce matériau, j'ai fait installer un chauffage au sol dans l'appartement pour l'hiver. Ce client était amateur d'histoire, et il appréciait, tout comme son épouse, l'ancien, les traditions, l'authenticité. Je venais de Los Angeles, où la plupart de mes clients me demandaient des intérieurs modernes, dans le style zen ou contemporain. Aménager, décorer dans le style Second Empire était une première dans ma carrière et un véritable challenge. Pour mener à bien cette mission, je me suis intéressé à l'architecture et aux arts décoratifs de la deuxième moitié du XIXe siècle afin de m'imprégner de l'époque et de l'univers du couple. Cette démarche m'a ouvert des horizons, m'a permis de reconsidérer ces types de décoration ancienne que je jugeais vieillots, bons pour les musées.

Une autre fois, j'ai eu affaire à un couple qui appartenait à la première génération de Français venus d'Italie. Attaché aux origines de leurs parents, il avait fait construire une villa comme celles que l'on peut admirer sur la côte amalfitaine.
L'intérieur était une succession de pièces qui regroupaient certaines de leurs passions architecturales. Au-dessus du salon plutôt contemporain, avait été ajoutée une autre pièce semblable à un chalet, avec ses panneaux de bois chaleureux que l'on trouve dans les Alpes, ses plafonds cathédrale et leur poutraison. Elle était utilisée comme salon de télévision et de lecture, particulièrement l'hiver. La cuisine ressemblait à un atelier d'artiste avec ses grandes structures en verre encadrées de fer, comme on en trouvait au début du XXe siècle. L'extérieur était structuré dans le style des jardins italiens. Le contraste était certainement surprenant mais le résultat était tel que chacun pouvait se retrouver dans un univers bien défini.
Dans mon métier, je me dois de bien comprendre les

désirs et personnalités de mes clients et de les accompagner dans la réalisation d'espaces qui leur ressemblent et qui les nourrissent émotionnellement. Je ne suis pas là pour leur imposer ma vision, mon style. Au contraire, je dois m'effacer afin d'entrer dans leurs pensées, leur univers, leur mode de vie.

Que faut-il retenir ?

Que vous vous chargiez de la décoration vous-même ou que vous ayez recours à un professionnel, c'est vous qui devez décider du style de votre maison. Même si vous êtes passionné par la décoration, ou en phase d'aménagement, ne lisez pas trop de magazines ou de livres sur le sujet : ils vous influenceront, malgré vous, et vous inciteront à revenir sur vos projets initiaux. Or, pour se sentir bien chez soi, il faut que ce chez-soi soit une part de votre âme, un reflet de vos goûts, de vos passions, de vos rêves. Résistez aux conseils et suivez votre voie. Celle qui sera la plus authentique et la plus fidèle à votre personnalité.

4
Apprendre à respirer chez soi

Odeurs

Chaque pièce de la maison a un parfum qui naît de nos habitudes de vie. Dans notre maison intérieure, les odeurs sont notamment liées à nos souvenirs, à notre mémoire affective. Elles sont aussi l'un des moyens d'expression de notre sensibilité.

L'odorat est déjà particulièrement développé à la naissance. Le bébé reconnaît sa mère à son odeur et s'apaise grâce à celle-ci. Je me souviens des pulls de ma mère que je serrais contre moi et que je humais quand elle était absente ; cela me rassurait et me calmait.
Mais, plus nous grandissons, plus nous négligeons ce sens, considéré comme primaire, au profit de la vue qui filtre l'essentiel de nos sensations. Or nous nous privons d'un sens qui participe à la richesse de notre sensibilité et nous

oublions que les odeurs influencent notre subconscient. Le marketing olfactif, lui, ne l'oublie pas en incitant, par exemple, à l'utilisation de parfums dans les magasins pour créer des ambiances « agréables », pour attirer les clients et les pousser à l'achat.
Quand j'ai perdu la vue, j'ai pris conscience que mon odorat était l'un de mes alliés. Les odeurs de la cuisine, de la salle de bains, de mon bureau étaient les points cardinaux de ma maison, des repères primordiaux.

Dans des situations stressantes, angoissantes, il n'est pas rare que nous revenions à des réactions ou à des sensations primaires pour nous protéger, nous rassurer. Prenons l'exemple, particulièrement frappant, d'un P-DG d'un grand groupe international d'immobilier que j'ai rencontré. Vous imaginez sans peine les pressions professionnelles et les responsabilités qui sont les siennes. Rapidement, au cours de notre échange, ce grand patron m'a avoué qu'il parvenait à tenir ce rythme parce qu'il avait un endroit, essentiel pour lui, où, chaque week-end, il pouvait se régénérer. Les effets relaxants de sa maison secondaire, en Normandie, sur son bien-être étaient immédiats, dès la porte d'entrée passée, avant même d'allumer la lumière du salon. Il m'a alors confié : « Simplement, à l'odeur du feu de cheminée et des différents matériaux dont est composée la bâtisse, je sens mon

corps se détendre. C'est un puissant sédatif. Ce havre de paix créé pour moi et ma famille me fait oublier les difficultés quotidiennes et me procure un bien-être que je ne trouverais pas en voyage, même dans des conditions luxueuses. Il y a eu des périodes où je ne pouvais m'y rendre que rarement, mon corps éprouvait alors une sensation de privation, de malaise dont je n'arrivais pas à me défaire, même en essayant de relativiser et de penser au moment où j'y retournerais. »
Peut-être que, vous aussi, vous ressentez du bien-être dans un lieu et n'avez pas songé que l'une des explications pouvait être le parfum qui s'en dégageait.

Quand je donne des séminaires dans des écoles d'architecture, je fais sentir aux étudiants différentes odeurs. Ils sont toujours étonnés de constater qu'elles leur évoquent des moments de leur vie, des lieux de leur enfance : la maison de leur grand-mère, un endroit où ils sont allés en vacances et qu'ils ont adoré, ou le parfum d'une personne qui leur est chère. De cette manière, je leur apprends que l'olfactif est un sens important, et d'autant plus lorsqu'ils proposeront des projets à leurs clients. Ils devront savoir les questionner afin de connaître les odeurs qu'ils aiment et celles qui les dérangent…
La mémoire olfactive est très puissante. Elle peut aussi bien créer une sensation de bien-être que de mal-être. C'est

pourquoi, dans mon travail, je fais très attention aux matériaux que j'utilise. En effet, beaucoup d'entre eux ont une odeur, comme le bois, le métal, le ciment, les peintures, les revêtements de sols (moquette, linoléum, plancher synthétique), et, bien sûr, les meubles, les tissus et leurs bains de couleur, les textures naturelles (coco, jute, lin, soie, cuir) et les textures synthétiques. Quelques-uns ont parfois une odeur entêtante et d'autres peuvent dégager un parfum prononcé mais agréable. Plusieurs matériaux comme les tentures, les moquettes, certains bois absorbent les odeurs de leur environnement (cuisine, tabac, parfums d'ambiance, animaux) et d'autres résistent à cette imprégnation. N'utiliser que ces derniers n'est pas recommandé. Certes, ils protègent des odeurs dérangeantes, mais cette neutralité olfactive crée une ambiance froide, sans vie, sans personnalité. **Imaginez une personne sans odeur : cela semblerait inhumain.** Or, pour se sentir bien intérieurement, il faut être dans un cadre familier, à soi, un cadre habité, humain.

Au cours de ma carrière d'architecte d'intérieur aveugle, j'ai été contacté par une grande entreprise internationale de mobilier et de décoration afin de réaliser une vidéo sur l'impact de l'olfactif dans notre environnement personnel. Il s'avérait que cette marque rencontrait des difficultés avec certains de ses meubles qui étaient rapportés par les clients en magasin. Le problème ne venait pas du design du mobilier, du confort ni même de la qualité de l'assemblage, mais de l'odeur chimique qui en émanait et qui se diffusait dans les pièces où les meubles avaient été placés. Entre les colles et leurs effluves toxiques, les teintures utilisées sur les tissus et les agglomérés pour la construction des éléments, la combinaison olfactive était insupportable. À mon sens, les designers de cette société devaient prendre en considération ces odeurs. Pour cela, il était important qu'ils se rendent sur les lieux de fabrication afin de sentir personnellement chacun des éléments qui allaient constituer les pièces de mobilier et ceux qui allaient les assembler. De la même manière, j'incite mes clients à humer les différents matériaux que l'on choisit ensemble avant de les inclure dans le projet.

Notre maison, comme les parfums que nous portons, en disent beaucoup sur nous. Par exemple, une habitation qui dégage, dans chacune de ses pièces, des odeurs de cuisine prouve que les occupants aiment cuisiner et manger, mais c'est aussi le signe d'un certain laisser-aller. Si ces effluves peuvent, en effet, être agréables, ils peuvent aussi être incommodants lorsqu'ils se répandent partout et à toute heure. Il faut alors s'interroger sur la place de la cuisine dans la répartition des pièces, songer à des façons de l'isoler ou de mieux la ventiler afin de laisser les autres espaces exprimer leur empreinte olfactive.

On peut aussi équilibrer les odeurs en élaborant un décor olfactif. En effet, outre les matériaux et nos habitudes de vie, n'oublions pas les parfums que nous pouvons ajouter : diffuseur, encens, huiles essentielles, plantes odorantes. Pour les mettre en valeur, il faut les placer dans les courants d'air naturels ou, dans le cas des plantes odorantes, comme le jasmin, le chèvrefeuille, la lavande, etc., dans votre jardin ou sur votre balcon, près des ouvertures. Ce sont des points que j'étudie toujours lorsque je m'occupe d'une maison, souvent à la grande surprise de mes clients, qui ne font pas attention à ce qu'ils ne voient pas !

Quand je les rencontre au sein de leur maison, l'une des premières choses que je leur demande est de fermer les yeux et de prendre un moment pour ressentir leur habitation. Ils écoutent ses différents sons, les échos d'une pièce et l'énergie qui s'en dégage. Puis je les invite à faire travailler leur odorat pour qu'ils découvrent les empreintes olfactives de leur maison. Pour cela, je les fais sortir de leur habitation, respirer l'air extérieur puis revenir à l'intérieur les yeux fermés, concentrés uniquement sur ce qu'ils sentent et ressentent. Certains ont ainsi pris conscience que des odeurs les indisposaient et ils les ont reconnues. Elles nuisaient jusqu'alors à leur bien-être sans qu'ils s'en rendent compte ou, le plus souvent, sans parvenir à clairement identifier la cause de leur gêne.

Quand je propose un panel de matériaux à mes clients,

l'aspect visuel est évidemment la première chose que l'on examine, mais je leur demande aussi d'activer leurs autres sens, notamment en fermant les yeux. Souvent, la vue manipule nos choix ou diminue l'attention que l'on peut porter aux messages délivrés par les autres sens, en particulier l'odorat et le toucher. Non seulement je leur fais toucher les matériaux avec leurs mains, mais aussi les mettre en contact avec leurs avant-bras. S'il s'agit d'éléments qui seront disposés au sol, je les invite à marcher dessus pieds nus. Mais je ne m'arrête pas là : je leur fais également sentir les matériaux. Imaginez bien que si un matériau a déjà une petite odeur désagréable, celle-ci sera amplifiée quand il sera utilisé dans toute la pièce, voire dans toute la maison ! Tout comme les épices qu'un chef met dans un plat pour qu'il soit plus goûteux, les différentes odeurs qui composent un lieu de vie, associées ensemble, peuvent se compléter, s'harmoniser ou, au contraire, s'opposer et créer une ambiance désagréable ou qui sonne faux – pour prendre une image musicale.

Le parfum que vous portez, vous l'avez choisi parce qu'il vous plaît, parce qu'il vous semble correspondre à votre personnalité. Votre voisin en aura choisi un autre, parce que sa signature olfactive est différente. Avec le parfum de votre maison, il en est de même. Vous êtes presque totalement maître de sa composition : faites des essais en déplaçant les plantes, les diffuseurs et autres objets odorants, tenez compte des courants d'air que vous produisez quand vous ouvrez les fenêtres. Ce sont des facteurs clés dans votre décoration olfactive. Parfois, créer ou supprimer une odeur ne tient qu'à un petit détail.

Que faut-il retenir ?

Apprendre à ressentir sa maison, c'est développer et redévelopper l'acuité de tous les sens que vous avez malheureusement atrophiés en vous laissant dominer par celui de la vue. Se pencher sur un élément aussi volatil que les odeurs peut sembler compliqué, mais en vous concentrant sur votre odorat, et rien que sur lui, vous découvrirez beaucoup de choses sur vous et sur ce qui vous entoure. Ainsi, vous serez à même de créer l'ambiance olfactive qui vous aidera à vous sentir mieux chez vous et en vous. Alors n'hésitez pas : respirez votre maison et élaborez votre parfum d'intérieur personnel. Enfin, n'oubliez pas que celui-ci ne se compose pas du premier coup et évoluera aussi au fil des saisons, de vos habitudes et même de vos goûts. En somme, écoutez votre odorat et laissez-vous guider.

5
Composer sa propre partition

Univers sonore

Chaque lieu produit des bruits, des sons différents selon les activités de ses occupants. Dans notre maison intérieure, les sons font appel à notre sensibilité, voire parfois à notre créativité. Ils participent aussi à notre bien-être.

Vous n'imaginez sans doute pas votre quotidien sans musique, sans sons variés tels que ceux produits par la radio ou la télévision. Ce sont autant d'éléments sonores qui contribuent souvent à nous occuper, à nous distraire et à nous relaxer. En revanche, vous êtes peut-être « sourds » aux bruits ordinaires et à ceux qui pourraient avoir un effet négatif sur vous. Si vous y êtes « sourds », c'est par indifférence, parce qu'ils ne sont pas gênants. Si, au contraire, vous les entendez, ils prennent, la plupart du temps, une importance démesurée, ce qui engendre un certain mal-être, jusqu'à parfois troubler le sommeil. À long terme, ce stress, affectant notre système immunitaire, peut même aboutir à des maladies psychosomatiques.

Comme pour les odeurs, nous ne prêtons généralement pas attention à l'univers sonore qui nous entoure, car la vue, encore une fois, monopolise notre attention. Moi-même, je l'avoue, je ne me suis intéressé aux sons de mon quotidien que lorsque je suis devenu aveugle. On ne se préoccupe pas des bruits parce qu'ils ne sont pas visibles, pas directement esthétiques ni utiles. Or il est certain qu'ils influencent notre comportement, nos sensations de bien-être ou de mal-être dans un lieu, bien plus qu'on ne le croit.

Il faut alors revenir à notre état primaire, celui qui suit notre naissance. Le bébé est attentif aux bruits quotidiens et, en premier lieu, aux voix de sa mère et de son père, qu'il a entendues durant sa vie intra-utérine et qui l'apaisent, alors que des voix étrangères peuvent le troubler, voire lui faire peur. De nombreuses études ont démontré que la musique peut avoir un effet sur l'état d'éveil et la bonne humeur de l'enfant et améliorer ainsi ses capacités intellectuelles à court terme. La stimulation du cerveau alors à l'œuvre est ainsi susceptible d'augmenter les performances. En revanche, des bruits inattendus – la sirène d'une voiture de police, l'aboiement d'un chien ou le simple claquement d'une porte – peuvent le faire pleurer.

Je me souviens d'un couple, attendant un enfant, qui souhaitait créer une chambre dans leur maison pour leur bébé. À leur grande surprise, j'avais placé le berceau au milieu de la pièce. Pour leur expliquer ma démarche, j'ai pris un large morceau de Placoplatre et j'ai demandé au futur papa d'imiter le cri d'un enfant. J'ai ensuite rapproché le Placoplatre à environ 40 centimètres de lui, puis je l'ai invité à recommencer l'exercice. Il a alors pris conscience que la proximité d'un mur amplifiait le son et aurait un effet néfaste sur l'oreille de son bébé. Les futurs parents m'ont ensuite avoué qu'ils n'auraient jamais pensé à tenir compte de l'acoustique pour l'agencement de cette chambre.

Après avoir perdu la vue, alors que je devais me réapproprier ma propre habitation, j'ai d'abord utilisé les sons de ma maison comme repères : celui du réfrigérateur dans la cuisine, celui des canalisations, le ronronnement de la climatisation ou encore des bruits qui provenaient des fenêtres donnant sur la rue. Ils m'aidaient non seulement à me diriger, mais aussi à me sentir chez moi. Ils étaient devenus mes nouveaux points cardinaux.
L'écho de mes pas ou le claquement de mes mains me donnait également beaucoup d'informations sur la taille de la pièce dans laquelle je me trouvais, sur la proximité des murs et sur la hauteur sous plafond. C'est ainsi que

je parvenais également à me situer dans des maisons ou des espaces qui m'étaient inconnus.
Mon audition s'est considérablement développée parce que j'ai su la solliciter, la faire travailler. J'ai pu établir une sorte de gambe sonore des matériaux. Chacun produit, en effet, un son différent, avec des nuances suivant le type de pièce dans lequel il est installé. Si le sol est en dalle de pierre ou de céramique, les sons reviennent beaucoup plus vite à nos oreilles, telle une balle de tennis qui rebondit sur du macadam plutôt que sur de la terre battue. Plus la pièce a des matériaux durs, comme le ciment, la brique, la pierre, la céramique, le verre, le métal, etc., plus les sons sont aigus et l'écho important. En revanche, si la pièce a un sol en bois, si le revêtement est fait de moquette ou de tapis, si les murs sont recouverts de tissus, de jutes ou de panneaux en bois et les plafonds de matériaux isolants, alors les sons sont plus doux, tamisés, rassurants. Certains matériaux, grâce à leurs alvéoles, retiennent l'effet d'écho et forment d'emblée un environnement sonore apaisant.
Il existe également différentes techniques pour adoucir l'acoustique d'une pièce. Vous pouvez, par exemple, créer une sorte de cage d'emprisonnement sonore dans vos murs : il vous faut simplement construire une seconde paroi en Placoplatre espacée de quelques millimètres du mur existant. De cette manière, les bruits sont prisonniers de cet espace. Certes, nous sommes habitués à vivre dans des ambiances de

plus en plus bruyantes sans toujours nous apercevoir qu'elles sont sources de fatigue et d'inconfort. **Goûtez une fois, non pas au silence total, mais à un environnement plus doux pour vos oreilles, et vous *verrez* la différence.**

Je me rappelle ainsi un client, propriétaire d'une très belle maison éloignée de la ville, qui, à ma grande surprise, ne profitait pas de son beau jardin, sans qu'il sache vraiment pourquoi. Une fois à l'extérieur, j'ai compris. Je l'ai invité à bien écouter l'univers sonore autour de lui, mais il n'entendait que le chant des oiseaux et rien d'autre. C'est quand je lui ai demandé de fermer les yeux qu'il a remarqué, pour la première fois, le son de l'autoroute au loin. Il était évident que ce bruit, même lointain, ressemblait au bourdonnement d'une guêpe ou d'une mouche – un son désagréable, irritant. Inconsciemment, celui-ci le dérangeait. Pourtant, par son allure, ce jardin avait tout pour plaire. J'ai résolu le problème en intégrant au paysage une petite cascade avec son bassin. Le bruit de l'autoroute a alors disparu, dissimulé par le son apaisant de l'eau. Depuis, mon client passe énormément de temps dans son jardin, devenu une source de bien-être, à tel point qu'il y a fait ensuite installer un salon et un coin repas.

Autre exemple, et encore plus parlant. J'ai été confronté à un challenge sonore, cette fois-ci en intervenant sur le design d'un loft dans le centre des affaires de Los Angeles.

Les propriétaires travaillaient à domicile mais dans des domaines très différents. Le loft avait beau être grand, cette promiscuité était une source de conflits, et aucun ne voulait exercer ailleurs. Mon intervention était, à leurs yeux, l'opération de la dernière chance. La femme, scénariste, avait besoin de se concentrer pour écrire et avait toujours été une solitaire aimant le calme. L'homme, quant à lui, fabriquait des selles de motos en cuir customisées pour la marque Harley Davidson, et le bruit de sa puissante machine à coudre déconcentrait énormément la scénariste. Comment ai-je résolu leur problème ? En plusieurs temps et en jouant sur deux tableaux différents : l'aménagement des lieux, bien sûr, mais surtout l'ambiance sonore, qui se devait d'être supportable et même agréable pour la scénariste, sans empêcher pour autant son compagnon de travailler.

J'ai tout d'abord divisé l'espace : j'ai placé un coin chambre près de la salle de bains, que j'ai isolé du reste des pièces à vivre par un très beau paravent. Dans le salon, j'ai installé le bureau de la scénariste. Le loft avait d'immenses baies vitrées sur toute sa longueur. Celles-ci partaient du sol en béton ciré et montaient jusqu'au plafond situé à 4,5 mètres de haut. J'ai fait poser un grand tapis ethnique dans le salon et un autre dans la partie atelier. Ces tapis allaient permettre l'absorption des sons de la machine à coudre tout en étant en harmonie avec le style du loft. Puis j'ai ajouté de très grandes tentures aux fenêtres afin de toujours mieux scinder les trois espaces de vie et surtout d'absorber les sons. Perpendiculairement aux fenêtres, à la limite du salon et de l'atelier, j'ai fait installer au plafond un système de glissière pour y pendre des rideaux similaires aux tentures. Côté atelier, j'ai fait doubler les rideaux avec un tissu spécifique destiné à absorber les sons. Le résultat a été immédiat : les bruits de la puissante machine à coudre semblaient venir d'un lieu lointain.

Mais la scénariste restait toujours un peu gênée. C'était probablement plus une obsession qu'un véritable désagrément, et j'ai alors commencé à m'intéresser à l'aspect psychologique de cette incommodité. L'une des grandes parts du travail d'un architecte d'intérieur est de comprendre au mieux ses clients, d'entrer dans leur univers sensoriel, psychologique et émotionnel. Il est un psychologue des espaces. J'ai invité la scénariste à choisir une musique bien rythmée, qu'elle aimait et qui ne la dérangeait pas, même pendant l'écriture de ses scénarios. Progressivement, j'ai baissé le son de la musique, laissant le bruit de la machine à coudre dominer. Celui-ci, au lieu de la déconcentrer, s'est intégré à la musique : son cerveau percevait le bruit de la machine comme une extension du rythme musical de la chanson – propice aussi bien au travail qu'à la détente.

Morale de l'histoire ? Si certains bruits vous dérangent, et qu'il vous est impossible de les arrêter ou de les diminuer, ne vous bouchez pas les oreilles, ne vous polarisez pas sur leur effet néfaste, car ils vous paraîtront encore plus intenses qu'ils ne le sont vraiment. Au contraire, essayez de les considérer comme une sorte de rythme musical, de les incorporer dans l'ambiance sonore des lieux, habituez votre cerveau à les percevoir positivement. **L'audition est un sens qui se travaille et s'affine si l'on veut en tirer le meilleur parti.**

L'ambiance sonore de notre maison en dit aussi beaucoup sur nous-même : notre mode de vie, nos goûts, notre sensibilité plus ou moins grande aux sons. Sans que nous en prenions conscience, nous pouvons juger les gens aux bruits qu'ils font, à l'environnement sonore qu'ils créent chez eux. Une personne qui a besoin d'entendre de la musique, la radio ou la télévision en permanence aura probablement du mal à cohabiter avec celle qui aime le silence et qui se contente des bruits de son environnement comme cadre sonore.

Nous avons tous des sons qui nous rassurent, nous détendent ou nous mettent de bonne humeur. Il peut s'agir de ceux de la nature, comme l'écoulement d'une source d'eau, le chant des cigales, celui des oiseaux qui gazouillent sur un arbre à proximité de nos fenêtres, mais aussi de ceux de notre quotidien tels le bourdonnement

de la climatisation dans nos bureaux, de la machine à café, ou les tumultes lointains de la ville.
Si vous êtes adepte des ambiances calmes, sachez que le silence complet peut être anxiogène. La première fois que j'ai été dans un univers dépourvu de sons, c'était dans un studio d'enregistrement radiophonique, et j'ai eu l'impression d'étouffer. Le son de ma voix était comme happé par les matériaux d'absorption phonique utilisés pour recouvrir les murs du studio. Même celui de ma respiration était imperceptible. C'est seulement au moment où j'ai parlé dans le micro, tout en écoutant ma voix dans le casque posé sur mes oreilles, que j'ai retrouvé une impression de normalité. Nulle part dans la nature cette sensation de trou noir sonore existe – ce qui explique pourquoi cette expérience a été si désagréable pour moi. J'ai compris alors que notre notion de silence total était erronée, et que celui-ci comportait finalement toujours des sons : notre respiration, le froissement de nos vêtements, les bruits, quasi imperceptibles, de notre environnement. L'inconnu, la nouveauté, si éloignés du monde naturel et de notre quotidien, sont nécessairement une source d'anxiété.
Les sons sont donc des points de repère, à la fois physiques et psychiques. Après une longue absence, il peut être rassurant, par exemple, de réentendre le craquement particulier du parquet d'une pièce qui indique à notre cerveau que nous sommes bien de retour à la maison.

Que faut-il retenir ?

Comme pour les odeurs, si vous ne parvenez pas à déterminer les bruits qui vous sont « positifs » ou « négatifs », fermez les yeux et écoutez votre maison intérieure, écoutez-vous.

Il est important de s'arrêter régulièrement et de prendre un moment pour se « vider la tête », pour évacuer toutes nos petites voix perturbantes afin de vraiment s'écouter. Comment ? Installez-vous dans un endroit où vous ne serez pas dérangé, de préférence à l'extérieur : dans votre jardin, un parc, à la campagne. Concentrez-vous, en chassant toutes les pensées qui vous viennent à l'esprit. Écoutez le son de votre souffle, le bruit du vent dans les arbres ou, si vous êtes proche d'une source, le clapotis de l'eau. Progressivement, vous allez vous défaire de tout le stress qui vous habite. Continuez cet exercice en visualisant chaque inspiration comme une lumière blanche qui nettoierait chaque recoin de votre corps. En expirant, vous allez vous débarrasser de toutes les énergies néfastes, négatives, tel un nuage de pollution. Commencez par la pointe de vos cheveux jusqu'à celle de vos orteils. N'hésitez pas à exagérer le son de votre souffle, comme si vous accélériez le procédé, à la manière d'une machine qui éliminerait le négatif pour le remplacer par une énergie positive.

Vous serez étonné de constater que cet exercice, cadré par le son de votre souffle et les bruits de votre environnement, vous permettra d'affronter les moments les plus difficiles de votre quotidien. Votre maison intérieure sera alors nettoyée, régénérée et énergisée.

On peut difficilement agir sur toutes les nuisances sonores mais il ne faut pas, pour autant, les subir et les laisser entamer votre bien-être et le plaisir que vous pourriez éprouver à être chez vous. N'oubliez pas que vous êtes le maître de votre maison extérieure comme celui de votre maison intérieure, et donc acteur de votre ambiance sonore.

Apprenez à écouter consciemment votre environnement, à reconnaître les sons qui vous nourrissent, qui vous énergisent et vous calment. Peu à peu, vous composerez la partition sonore de votre personnalité, celle qui vous procure une grande confiance en vous, un bien-être, une force intérieure, des idées positives.

6
Ressentir les vibrations des coloris

Couleurs

Chacun de nous a sa couleur fétiche, une couleur qui nous ressemble, qui vibre selon notre propre énergie.

Septembre 2018. Je participe à une discussion sur le thème de la couleur, au salon Maison et objet à Paris. La coloriste Sophie Mouton-Brisse anime une table ronde à laquelle sont conviés le chef étoilé Thierry Marx, accompagné de la photographe Mathilde de l'Ecotais, le designer et consultant Christophe Pradère (BETC design) ainsi que la directrice marketing Europe de Pantone, Abigail Bruce. Chacun s'est exprimé, selon son domaine de spécialités, et de cette discussion est né un échange fascinant.
Thierry Marx a notamment souligné que la couleur bleue

ne faisait pas partie de la gamme culinaire ; elle est d'ailleurs absente de nos assiettes. Pourquoi ? Parce qu'elle n'est pas appétissante et qu'elle n'existe dans aucun aliment naturel. Abigail Bruce a, quant à elle, expliqué la manière dont, depuis près de vingt ans, Pantone Color Institute détermine la couleur tendance de l'année, celle à ne pas rater. « Cette couleur va servir de guide à de nombreux designers et manufacturiers qui sortiront bientôt une foule de produits inspirés par cette couleur. » Tissus d'ameublement, appareils électroménagers, objets de décoration et même vêtements, accessoires et produits de beauté déclinent ce coloris le temps d'une année. Abigail Bruce a également précisé que « le choix de Pantone a toujours aussi une valeur symbolique et même presque philosophique ! C'est le pouvoir de la couleur : elle peut représenter et incarner les valeurs actuelles, définir l'air du temps, évoquer les émotions dominantes et influencer les courants de la société. » Elle a ainsi rappelé que la couleur de l'année 2017 avait été le Greenery qui, par son côté rafraîchissant, symbolisait les nouveaux départs. En 2018, il s'agissait de l'Ultra violet, célébrant les vertus de l'esprit et de la créativité. Quelques mois plus tard, en 2019, c'est la teinte corail, un orange rosé avec des tons dorés qui énergisent et ravivent à la fois, qui a été mise à l'honneur. Cette couleur vivante et douce permet, selon Pantone, de nous maintenir à flot au sein de notre environnement

en perpétuel changement. Quant à l'année 2020, elle est placée sous le signe du Classic Blue. Ce bleu nuit s'approche du gris sans perdre de sa vivacité. Il est l'illustration de l'intemporel, de l'élégance et de la simplicité.
Très intéressé par la couleur, j'aime comprendre comment celle-ci est perçue dans différents milieux comme celui de la cuisine, de la photographie, du design… L'influence des marques, tel Pantone, sur les tendances dans l'industrie de la mode et de la décoration m'a toujours étonné. Il est difficile, pour moi, de concevoir que seulement quelques personnes décident de la symbolique d'une couleur, qui délivrerait de manière universelle un message, une direction, une émotion, sachant que tout un chacun réagit différemment émotionnellement à chaque teinte.
Puis Sophie Mouton-Brisse s'est tournée vers moi et m'a demandé quelle était, en tant qu'architecte d'intérieur et designer aveugle, ma perception de la couleur. Selon moi, les couleurs correspondent à des énergies ; elles sont telles des notes de musique qui forment une mélodie, ou tels des épices qui relèvent un plat, ou tels des éléments olfactifs qui composent un parfum. De ce fait, comme pour les goûts alimentaires ou les styles de musique, chacun de nous est plus sensible à certaines couleurs qu'à d'autres ; nous sommes attirés par celles qui s'harmonisent à nos besoins du moment et, plus largement, à notre personnalité, à nos émotions.

À la manière des notes de musique, les couleurs vibrent selon différentes tonalités et intensités. Certaines appartiennent à la gamme « triste » : celles dont le noir est majoritaire par rapport au reste des tonalités qui les composent – l'équivalent en musique des tons mineurs. Des notes jouées ensemble peuvent rendre mélancolique, joyeux ou encore donner envie de chanter en fonction du ton principal. Les couleurs ont un effet psychologique similaire. Les multitudes de teintes de la gamme Pantone sont composées selon des pourcentages variables des couleurs de base : noir, rouge, bleu et jaune, qui sont savamment mélangées pour obtenir des nuances très particulières.
Cette association donne des résultats séduisants mais chaque couleur de l'année ne peut convenir en réalité qu'à une infime partie de la population. C'est un peu comme s'il fallait créer un parfum ou un plat qui conviendrait et qui plairait à tout le monde. Les designers utilisent la couleur tendance pour leur création mais ce n'est qu'un outil marketing imposé par les marques pour pousser à la consommation, au renouvellement, qu'il s'agisse d'une garde-robe ou d'un appartement. On peut bien sûr suivre ponctuellement les coloris tendance, mais il est important, selon moi, de rester avant tout fidèle à ses couleurs préférées. Celles qui nous font du bien, celles qu'on aime porter ou regarder.

C'est une vision intime et personnelle de la couleur que j'ai acquise avec la maladie. Alors que les médecins avaient découvert que j'étais touché par le CMV et que je commençais à perdre la vue, j'ai eu recours à la médecine chinoise. Le but était d'essayer de me « désintoxiquer » des effets néfastes de ma chimiothérapie. Le praticien devait m'aider avec des herbes et de l'acupuncture. Afin de déterminer les traitements qui me conviendraient le mieux, il m'a proposé l'exercice suivant : il a déposé dans le creux de ma main des échantillons d'herbes médicinales qui, selon lui, pouvaient me correspondre, puis il m'a demandé de tendre mon bras droit devant moi. Il a ensuite fait pression dessus pour tester mon niveau de résistance. Immédiatement, je me suis aperçu que certaines plantes me donnaient beaucoup plus de force que d'autres ; quelques-unes me permettaient de mieux résister. Ce praticien m'a expliqué que ces herbes correspondaient à la carence dont je souffrais. De la même manière qu'un diététicien prescrit des vitamines ou des compléments alimentaires, il m'a donné les plantes qui me permettaient de résister le plus à la pression qu'il exerçait sur mon bras tendu horizontalement.

Plus tard, devenu totalement aveugle et me rappelant cet exercice, je l'ai reproduit avec un ami en utilisant des échantillons de couleurs. J'ai vite senti que, tout comme avec les herbes médicinales, certaines couleurs m'aidaient à résister à la pression physique qu'exerçait mon ami sur mon bras. Pour moi, la couleur avait toujours symbolisé différentes sortes d'énergie, et j'en avais ainsi la confirmation. La couleur qui m'avait donné le plus de force était un orange brûlé ; et sans même le savoir, mon ami venait de me révéler ma couleur fétiche. À ce moment-là, j'ai vraiment compris l'impact que les couleurs avaient sur nous, non seulement celles que l'on décide de porter, mais également celles que l'on intègre dans notre maison.

Lors de séminaires que j'anime dans des écoles d'architecture d'intérieure – à l'Institut Cread de Lyon, par exemple –, je plonge les étudiants dans le noir, puis je les invite à complètement oublier les couleurs pour uniquement réagir sur le plan émotionnel. Je projette ensuite une palette de couleurs avec diverses tonalités dans l'espace. Pour certains, l'exercice fait renaître un souvenir, comme des vacances dans un pays exotique ; pour d'autres, il leur fait ressentir des émotions fortes : le danger, la vitesse, la passion, etc. Ainsi, ils comprennent que chacun d'eux réagit différemment aux coloris. Aucune gamme de couleurs n'est ressentie et perçue de la même manière par tous.
Cette notion d'énergie et de sensibilité aux coloris se retrouve d'ailleurs dans la chromothérapie, une médecine non conventionnelle. Cette méthode consiste à choisir les couleurs les plus adaptées pour atteindre un objectif

émotionnel grâce à des techniques de visualisation et d'associations. Chaque teinte possède sa propre fréquence, invisible à l'œil nu, mais qui affecte le corps et l'esprit, comme la fréquence d'une note de musique. En effet, une couleur est une onde lumineuse d'une certaine longueur que la peau est capable de percevoir, envoyant ainsi des messages au cœur de nos cellules et les modifiant sur le plan chimique. Chaque couleur a donc sa signification. Pour ne citer que les principales :

- le bleu a des effets apaisants sur notre moral ; il inspire le calme et la sérénité ;
- le jaune symbolise l'énergie, l'enthousiasme et la confiance en soi ;
- le rouge est une couleur ambivalente ; à la fois synonyme d'amour, d'énergie et de détermination, elle peut porter également l'idée de mort, de tentation, de sang, de colère ;
- le vert ramène à la nature, à l'équilibre et à l'harmonie.

Notre humeur du moment peut s'associer à une certaine tonalité. D'un jour à l'autre, vous ne ferez pas le même choix de couleurs de vêtements selon les émotions que vous ressentez. Pourquoi choisit-on de se vêtir en noir dans certaines circonstances ? Cette teinte est l'absence de toute couleur, donc de toute émotion et même de toute vie. Avec cet « uniforme », vous pouvez être celui que vous voulez aux yeux d'inconnus : par exemple, celui qui cherche à se dissimuler sous un masque, ou encore celui qui est en deuil de quelqu'un ou de quelque chose. Si le noir est l'absence de toute couleur, le blanc est en revanche la réunion de toutes. J'en veux pour preuve l'arc-en-ciel, qui n'est en réalité que la décomposition de la lumière blanche à travers l'eau agissant comme un prisme. Si vous observez un diamant blanc, donc transparent, avec une loupe, vous retrouverez le même effet. Quant à une personne vêtue de couleurs franches ou soutenues, elle ne passe pas inaperçue. Elle envoie un message fort émotionnellement et dégage une certaine confiance en elle. Mais nous réagissons aussi aux couleurs portées et à ses associations selon notre propre ressenti. Chacun aura une réaction nuancée face à cette personne : certains seront séduits par son assurance, d'autres en seront intimidés, voire gênés.

Dans nos intérieurs, la couleur joue également un rôle essentiel puisqu'elle agit sur notre esprit comme des vitamines sur notre corps, offre des sensations positives, stimulantes ou reposantes.
Il y a quelques années, une chaîne de télévision française m'a sollicité pour participer à un prime time. Je devais réaliser la pièce à vivre d'un couple qui venait d'emménager. Il est important, dans de telles situations, que

chaque membre puisse s'exprimer, soit représenté dans le nouvel espace de vie, en mélangeant les objets propres à chacun. Tous deux étaient en accord sur le choix des meubles et autres objets de décoration, tout se déroulait à merveille, jusqu'à ce qu'il soit question de la couleur du mur principal de la salle à manger : ils étaient incapables de s'accorder sur la teinte. J'ai eu alors l'idée de leur faire vivre une expérience qui les mettrait en harmonie. Le couple prenait des cours de tango, et j'ai pris contact avec leur professeur – en lui expliquant mon dilemme et mon idée pour le résoudre. Une fois que tout le monde a été réuni dans la salle de danse, le professeur leur a demandé de danser sur une musique qu'ils connaissaient déjà, et j'ai alors fait projeter différentes couleurs dans la pièce. Le couple avait des problèmes de synchronisation, mais quand la couleur jaune orangée, entre miel et ambre, a envahi le studio, ils se sont mis à danser parfaitement. Cette couleur les avait mis d'accord physiquement, et ils l'ont ainsi choisie pour le mur de leur salle à manger.

Naturellement, cet exercice était principalement adapté aux besoins visuels de l'émission de télévision, mais je conseille fortement à mes clients de vivre les couleurs avant de les sélectionner définitivement pour leur maison. Pour faciliter le choix, je propose de peindre le mur à décorer avec les tonalités entre lesquelles ils hésitent. Je les invite ensuite à observer ce mur durant la journée, à noter leur préférence en fonction de la luminosité changeante, et à tester aussi les diverses teintes le soir, avec un éclairage artificiel. **Les couleurs, tout comme les émotions dans notre maison intérieure, sont vivantes, évoluent et s'altèrent selon le moment de la journée.** Nous percevons les couleurs avec nos souvenirs, nos expériences de vie, notre sensibilité et notre besoin émotionnel de l'instant. Si vous choisissez, par exemple, une couleur dans un moment de fatigue ou de stress, vous aurez de grandes chances de vous tromper.

Pour bien déterminer la teinte dominante de votre pièce, fixez-en un échantillon puis laissez-vous envahir par celui-ci. Essayez ensuite de percevoir et de définir les émotions ressenties. Selon le résultat, vous connaîtrez la couleur qui vous évoque les sensations les plus agréables, et donc le coloris dans lequel vous devez vivre pour en tirer naturellement du bien-être. Utiliser la peinture n'est pas une obligation : vous pouvez également avoir recours à des plaids et à des coussins, ou à des objets de décoration de différentes teintes. Ainsi, vous saurez rapidement quels types d'objets, selon leurs teintes, mettent le mieux en valeur votre intérieur, et par extension ceux qui vous mettent le mieux en valeur, en vous faisant du bien.

Que faut-il retenir ?

Les couleurs sont partout dans la nature, dans les créations humaines. Nous les visualisons même dans nos rêves. Il est impossible de vivre sans couleurs tout comme il est impossible de vivre sans émotions. Celles-ci sont à la base des plus grands plaisirs de la vie. Alors n'hésitez pas à tirer parti de la force que les couleurs peuvent vous procurer quotidiennement. De la même manière que le cuisinier et le parfumeur font différents essais pour leurs créations, il est normal que vous tâtonniez et changiez de nuances avant de trouver celle qui vous convient exactement. Avant de vous décider, prenez le temps de vous écouter ; prenez le temps de penser aux teintes de votre maison intérieure pour mieux exploiter celles qui domineront ensuite votre habitation. Et surtout ne cédez pas aux diktats de la mode !

7
Franchir le seuil de la maison : une nouvelle rencontre, un premier face-à-face

Entrée

Séparée ou non du reste de l'habitation, elle équivaut à l'impression que l'on souhaite donner aux invités accueillis chez soi.

Généralement délimitée et séparée du reste de la maison, l'entrée donne parfois directement sur le salon, la pièce à vivre, pour gagner de la place. Selon moi, cette seconde option projette trop vite le visiteur dans l'intimité des lieux. Il n'y a alors plus aucune zone tampon entre l'extérieur et l'intime. **Or l'entrée est là pour donner des indices, révéler en partie – mais en partie seulement – la personnalité de l'occupant.** Elle sert aussi de masque assez neutre pour protéger notre sphère privée, assurer une forme de sécurité affective.

Dès lors, si la révélation est trop immédiate, parce que le visiteur entre tout de suite dans la pièce à vivre – l'espace majeur de l'habitation –, il n'a pas le temps de s'accoutumer. Une véritable entrée, même petite, avec un couloir ou une porte séparant cet espace du reste de la maison, est une façon d'établir un rapport plus sain avec le visiteur, qui a le temps de se familiariser avec les lieux. C'est une antichambre où il retire son manteau et ses chaussures, symboliquement une partie de son armure, afin de s'exposer davantage. Chacun, occupant et visiteur, se dévoile un peu sans se mettre à nu.
En outre, cet espace de discrétion est pratique lorsqu'il s'agit d'ouvrir la porte à une personne qui ne franchira pas le seuil : le facteur, un livreur, etc. Ne trouvez-vous pas préférable de la recevoir dans une zone isolée de celle qui est plus intime ?
D'ailleurs, dans les chambres d'hôtel, la partie couchage est séparée de la porte d'accès par un petit couloir qui dessert souvent la salle de bains d'un côté et les placards de l'autre. C'est une sorte d'espace de réception qui donne une impression d'intimité aux clients.

Dans l'entrée, il est déjà possible de déceler, au premier regard, des signes de l'énergie des occupants à travers la décoration : meubles et objets. **La notion d'« énergie » est fondamentale quand on veut**

repenser son intérieur et puiser des forces en lui. Elle définit le bien-être d'une maison. C'est la signature des habitants, leur ADN, leur marque. Cette énergie peut être très forte mais également inexistante. Tout dépend de la volonté des occupants de se dévoiler à travers leurs choix d'architecture d'intérieur, de décoration, leur désir de s'approprier les lieux. **Je définirais l'énergie comme les vibrations que vous ressentez dans un endroit, tout comme la première réaction émotionnelle que vous avez au contact d'un inconnu.** En musique, certaines notes, associées ensemble, vont vibrer à une fréquence qui vous fera peut-être pleurer ou vous donnera envie de danser. En cuisine, le mélange d'épices sublime ou développe le goût de certains aliments. Nous retrouvons le même concept en parfumerie avec l'association de senteurs appelées « notes ». Celles-ci influencent notre perception des parfums et nous font apprécier l'un d'entre eux plutôt qu'un autre.

L'énergie dans l'architecture et la décoration intérieures est constituée de différents éléments : les matériaux, les couleurs, les textures, la luminosité, le style des meubles et la façon dont ils sont placés dans une pièce, mais également l'odeur, l'écho de la pièce avec les sons qui peuvent venir du reste de la maison ou de l'extérieur.

Par exemple, une entrée peut être un peu intimidante. Une pièce volontairement froide et impersonnelle va s'avérer désagréable, trop stricte pour le visiteur, qui se sentira mal à l'aise, mis à distance. Cela indique souvent que l'occupant veut se donner une certaine image et a du mal à partager ses émotions. Si, au contraire, l'entrée est très encombrée, le visiteur n'aura pas l'impression d'être le bienvenu et pourra mal juger son hôte.
Tout en restant sobre et discrète, cette pièce doit donc se montrer accueillante et pratique. Par exemple, avec des toilettes et un lavabo pour se rafraîchir, un miroir pour vérifier son apparence, un espace ordonné où vestes et chaussures sont cachées dans des placards. Un aménagement qui offre très peu d'informations, afin de préserver une sorte de neutralité, mais sans donner la sensation d'un lieu inhabité.

Lorsque j'étais enfant, l'entrée de ma maison, agencée par ma mère, dégageait une certaine rigueur. On y trouvait un long banc pour s'asseoir et enlever ses chaussures, sous lequel était disposée une série de chaussons bien alignés pour chaque membre de la famille, et, dans un autre coin de la pièce, ceux pour les invités. Plus loin, des cintres étaient à disposition des visiteurs pour accrocher manteaux et vestes. Quant aux vêtements de la famille, ils étaient dans une armoire, bien rangés, avec une étagère pour bonnets, chapeaux, écharpes, gants et tous les accessoires. De l'autre côté, se trouvait une gravure sur le thème de la chasse à courre, suspendue à un mur recouvert de bois marron clair. Sous la gravure, ma mère avait placé un grand coffre sur lequel étaient posés des objets de décoration bien ordonnés.

Malgré la rigueur du rangement, ce décor créait une ambiance chaleureuse et rustique, parfaitement adaptée au cadre extérieur : la montagne. C'était un avant-goût de l'énergie du chalet familial.

Ma mère avait également accroché, à droite de la porte d'entrée, une tête de chamois que son père avait chassé. Empaillée, elle était gardée comme un trophée. Personne dans notre famille n'était chasseur et silencieusement nous détestions tous cet objet. Il n'était là qu'en mémoire de mon grand-père. Comme si nous avions besoin de ce rappel violent pour ne pas l'oublier. Comme si ce trophée était un symbole de son autorité. Cette entrée racontait donc des histoires, reflétait une part de l'atmosphère de la maison, du caractère de ma famille.

Aujourd'hui, par réaction sans doute au style de mes parents et par souci de bien-être, je ne pourrais pas vivre dans une telle maison. J'aime les halls d'entrée beaucoup plus intimes et décontractés, où chacun peut librement retirer ou non ses chaussures, poser ses affaires sans contrainte.

J'aime même y ajouter quelque chose de ludique pour amuser les personnes qui me rendent visite pour la première fois. Dans l'entrée de ma maison actuelle, j'ai ainsi placé une sculpture d'un rasta, presque de taille réelle, en métaux recyclés. Il est assis, fumant un joint et jouant du tam-tam. Il a un petit chapeau, des dreadlocks et de petites lunettes rondes. Il fait sourire mes visiteurs, comme si mon musicien personnel les recevait chez moi. Bien que je possède un sens esthétique développé, je sais aussi ne pas me prendre au sérieux.

Je conseille à mes clients de mettre en valeur un objet qui s'offre tout de suite au regard du visiteur, sans s'imposer, mais en lui donnant envie d'en savoir davantage. Par exemple, un tableau, une photo ou un objet personnel qui évoque les origines, les passions, la personnalité de l'occupant. Le soin apporté à l'éclairage révèle aussi si l'hôte est accueillant ou veut plutôt se tenir encore à bonne distance. Une grande entrée n'est pas nécessaire pour parvenir à cet équilibre entre discrétion et chaleur. Souvent, un éclairage étudié, un tapis, un élément de décoration, une couleur dominante suffisent.
Le coloris que l'on choisit pour notre entrée reflète le degré de force intérieure que nous décidons d'exposer à nos visiteurs dès leur arrivée dans notre intimité. Pour trouver la bonne nuance, je vous suggère d'opter pour

la couleur que vous portez lorsque vous vous sentez fort, sûr de vous ou que vous voulez vous faire remarquer. Ce pull, cette écharpe ou ce bijou un peu fétiche par sa teinte dominante qui vous donne des forces.

Enfin, n'oubliez pas que l'entrée est aussi la sortie ! C'est donc la dernière pièce que l'habitant et le visiteur franchiront avant de retrouver le monde extérieur. C'est dans cet espace qu'ils vérifieront leur apparence, se couvriront, se prépareront à affronter de nouveau le regard des autres et le dehors.

Que faut-il retenir ?

L'entrée doit permettre au visiteur d'appréhender déjà une part de notre intimité, de notre vie privée. Elle donne le ton au visiteur comme les premières notes d'un parfum ou d'un verre de vin. Elle est aussi un espace de transition où l'on retire les vêtements et accessoires dont on se couvre pour enfin être soi-même, dans notre cocon, et, inversement, lorsque l'on sort, on s'y prépare pour le passage à l'extérieur. Se sentir bien chez soi commence donc dans cette pièce de décompression.

8
Le salon, ou le poumon de notre maison

Pièce à vivre

Espace essentiel de la maison, elle est aussi le vivant reflet moral de ses occupants.

Une fois l'entrée franchie, nous nous trouvons alors dans le salon ou la pièce à vivre. Cet espace est l'incarnation du foyer. C'est le lieu où tout le monde converge, celui des échanges, de la vie commune, et de la vie sociale lorsque nous recevons des invités. Cette pièce porte l'ADN de ses occupants et offre une approche multisensorielle de leur être. Il est donc important que chacun des maîtres de maison y retrouve son empreinte.

Si vous deviez entrer dans cet espace les yeux bandés, quelles seraient vos premières réactions ou impressions ?

L'odeur est-elle plaisante ? Sentez-vous le propre, le frais ? Ou au contraire, percevez-vous une odeur de renfermé ou un parfum puissant, un peu entêtant ? Vous serez peut-être happé par une odeur de cuisine, de tabac, d'animaux. Ou alors par celle du feu de bois de la cheminée ou celle d'une bougie à la fragrance sucrée, acidulée ou soutenue. Ou encore par les effluves du bois exotique d'un meuble, d'un élément de décoration, du cuir du canapé ou même de la teinture chimique utilisée pour colorer les tissus d'ameublement – qui imprègne une pièce entière sans que l'on s'en rende vraiment compte parce que nous y vivons au quotidien. La densité de ces multiples odeurs dépendra également de la propriété d'absorption olfactive des matériaux présents dans cet espace. La réunion de ces diverses senteurs – qu'on appellerait, en parfumerie, les notes et le bouquet final – correspond à l'identité olfactive de votre maison, tout comme le parfum que vous choisissez de porter.

Quand vous rentrez chez vous après une journée de travail, un week-end ou des vacances, ou lorsque vous pénétrez dans le salon de votre hôte, votre première approche de l'environnement, celle qui est la plus instantanée et la moins cérébrale, est olfactive. Si l'odeur vous plaît, vous éprouvez immédiatement un sentiment de bien-être, le désir de vous y installer. Avant même de les avoir véritablement rencontrés, les occupants des lieux font d'emblée bonne impression. Si le parfum est gênant, ce n'est généralement pas le fruit du hasard. Il crée une impression désagréable et donne envie de quitter la pièce, voire la maison. Cette odeur reflète un mode de vie, une personnalité probablement éloignés des vôtres, comme des notes de musiques dissonantes. Le mal-être, l'inconfort ont un parfum que l'on repère vite si on se fie à son odorat.

Ensuite, sans que vous en soyez immédiatement conscients, c'est à l'acoustique de la pièce que vous serez sensible, suivant les matériaux utilisés, la superficie, la hauteur sous plafond mais aussi l'encombrement ou pas de cet espace. Les pièces très meublées ou chargées de tapis, de rideaux et de canapés donnent une impression feutrée parce que les sons y sont absorbés. Cette sensation peut être plaisante, à condition que l'ensemble reste cosy et non étouffant. Au contraire, une pièce dépouillée ou meublée avec des tables en verre, des chaises métalliques, un revêtement mural et un sol minéral n'offre aucune absorption sonore et sera bruyante.

Comment savoir si votre salon est trop meublé ? Naviguez dans la pièce les yeux bandés. Avez-vous l'impression que vous avez des difficultés à vous faufiler ? Ou, au contraire, les déplacements sont-ils fluides, faciles et logiques ? Ensuite, imaginez un ballon dans lequel vous donneriez

un petit coup de pied : irait-il loin sans rebondir ou, à l'inverse, l'entendriez-vous taper un peu partout ?
N'oubliez pas que la pièce à vivre est aussi un lieu d'échange, de réception et de passage : il faut donc pouvoir y circuler facilement, que l'on soit seul ou accompagné. C'est d'autant plus essentiel lorsqu'il s'agit de salons de petite taille : il faut alors éviter tout ce qui pourrait donner une impression d'encombrement.
Libérer de l'espace chez soi, c'est aussi libérer de l'espace en soi, dans sa tête, en se débarrassant d'objets avec un passé lourd : souvenirs de voyages superflus ou cadeaux gardés par politesse… **Si une pièce à vivre est aérée, alors cela signifie que vous êtes prêt à échanger avec les autres, que ce soit avec les occupants de la maison ou avec les invités.** Un salon spacieux, parce qu'il n'est pas encombré, crée aussi une véritable respiration pour toute la maison.

Si vous continuez cette expérience sensorielle à l'aveugle dans votre pièce à vivre, vous découvrirez également votre environnement à travers le toucher : chaque matériau composant le salon vous fait, en effet, ressentir des sensations spécifiques. Par exemple, des dalles au sol seront froides sous vos pieds nus. Elles évoqueront un intérieur sobre, facile d'entretien mais peut-être aussi un peu austère. En revanche, si vous marchez sur une moquette

épaisse et moelleuse, vous éprouverez un sentiment de chaleur et de confort. Vous aurez la sensation d'être dans un vrai cocon, mais celui-ci peut s'avérer un peu étouffant, particulièrement pendant les mois de canicule, voire créer un malaise à cause des poussières et acariens prisonniers des poils du revêtement.
Enfin, intéressez-vous aux objets de décoration de la pièce. Avez-vous l'impression que beaucoup ne sont présents que pour l'ornement ou s'agit-il d'éléments personnels, de la vie courante, comme des magazines, des ordinateurs, des habits laissés sur les canapés ou encore des jouets ? Notre salon est un écrin destiné à mettre en valeur nos objets chers, tels des photos, des tableaux, des souvenirs rapportés de nos voyages, ou transmis de génération en génération. Ces indices permettent de deviner le mode de vie et la personnalité des occupants, mais aussi leur identité. Si l'ensemble reste neutre, uniquement décoratif, cela signifie que le propriétaire veut bien recevoir mais sans rien livrer de lui-même. Si vous possédez de beaux objets, vous aurez certainement envie de les exposer, mais attention à l'accumulation. Il vaut mieux que ces éléments précieux soient dispersés un peu partout dans votre maison. Un vase sophistiqué sera davantage mis en valeur seul, dans une entrée, qu'au milieu d'autres vases sur la console du salon. Très vite, il est facile de savoir si l'atmosphère est plutôt féminine ou masculine, et donc si un couple habite les

lieux, et de déterminer ainsi la personne qui s'est occupée de l'agencement de la maison ou de l'appartement. De même, la présence d'enfants ou d'adolescents se devine rapidement. Dans la pièce à vivre, tout le monde s'exprime, y compris les animaux, notamment par les traces qu'ils laissent.

Cette visite du salon n'est pas terminée. Revenez sur le seuil de la pièce et, cette fois, utilisez la vue. Ce sens prendra le dessus mais vos précédentes expériences sensorielles permettront d'affiner ce que vous voyez.
Si la pièce est ouverte sur l'extérieur grâce à des baies vitrées ou à des portes-fenêtres, avec une vue dégagée, votre regard ira directement vers l'horizon. Nous sommes toujours attirés par l'infini. En revanche, si le salon est décoré avec une prédominance de couleurs vives, alors celles-ci arrêteront votre regard avant même que vous aperceviez la vue et l'ameublement. Si, par ailleurs, la décoration a une unité, un caractère bien spécifique comme le style scandinave, Napoléon III ou art déco, c'est assurément ce qui vous sautera aux yeux et vous plongera d'emblée dans une atmosphère particulière.

L'ensemble de ces sensations vous ont permis de vous faire une idée précise de l'identité des habitants. De même, si vous réalisez cet exercice chez vous, vous percevrez davantage les détails de votre maison, vous comprendrez mieux son fonctionnement ainsi que le vôtre.

Dans la vie courante, nous nous retrouvons parfois coincés parmi la foule. Nous nous sentons alors étouffés, prisonniers. Ce sentiment est similaire à celui que l'on peut éprouver dans un salon trop encombré ou mal agencé. **Notre pièce à vivre doit régénérer notre énergie, nous recharger, en nous permettant de bien respirer.**

Quand j'aménage une pièce, j'essaie d'imaginer toutes les situations auxquelles mes clients pourraient être confrontés dans la vie courante. Par exemple, je m'assieds sur chaque élément autour de la table basse pour déterminer l'espace le plus confortable pour poser un verre sans avoir à se lever. Faites cette expérience, et vous vous apercevrez peut-être que votre table est trop petite : vous devrez peut-être en acheter une plus large, ou ajouter des tables de bouts de canapés, ou en placer une entre deux fauteuils.

Depuis que j'ai perdu la vue, j'utilise mon corps pour déterminer, mesurer les espaces. Après tout, nous construisons et aménageons des habitations à « taille humaine ». Léonard de Vinci nous a appris, avec son dessin de l'homme de Vitruve, que le corps est parfaitement symétrique : ainsi, lorsque j'ouvre les bras parallèlement

au sol, je retrouve approximativement ma hauteur (soit 1,83 mètre). Je n'ai plus qu'à placer le bout de mes doigts au point de départ, tout comme avec un mètre, puis à écarter mes bras complètement, et je reproduis ce mouvement en posant le doigt de ma main gauche sur l'emplacement du doigt de ma main droite, et j'avance vers la droite jusqu'à atteindre le point final. Si la dernière longueur s'arrête au milieu de mon corps, j'ajoute donc 91,5 centimètres (soit la moitié de ma taille). En revanche, si elle prend fin au niveau de mon coude, il me faut compter un quart de ma taille. Cette façon de visualiser et d'estimer les espaces est pratique ; d'autant que si vous désirez connaître les proportions d'un mur, ou d'un sofa par exemple, vous avez toujours votre instrument de mesure sur vous. En utilisant votre corps comme référence d'espace, vous pouvez facilement placer les différents meubles dans votre pièce à vivre sans vous tromper, de manière à ce que ce soit idéal au quotidien. N'oubliez pas vos hôtes : si vous recevez une personne en chaise roulante, en béquilles, ou munie d'un déambulateur, pourra-t-elle circuler dans votre salon ?
Conserver un espace confortable entre les meubles vous donnera la possibilité de vous poser, de vous libérer de vos anxiétés, de respirer mentalement. Penser avec le corps est l'une des clés du bien-être. Je conseille donc à mes clients de ressentir leur maison avec leur corps, et

particulièrement des pièces clés comme le salon. Fouler le sol pieds nus doit vous procurer une sensation agréable et même rassurante. Caressez les murs, les rideaux, le canapé ; asseyez-vous nu sur vos chaises si vous le souhaitez ! Le contact, le toucher doivent être plaisants comme les sous-vêtements que vous portez, chaleureux comme l'écharpe en cachemire enroulée autour de votre cou durant les jours d'hiver, ou léger comme la chemise ou la robe que vous enfilez en période de canicule.
Les revêtements de votre maison sont, en quelque sorte, vos habits, puisque vous vivez en permanence à leur contact. L'idéal est de vous livrer à cette expérience sensorielle sans penser, en n'écoutant que vos sensations primaires, pour bien déterminer les éléments qui vous apportent un plaisir tactile.

Je me souviens d'un client qui avait fait appel à moi pour refaire son salon. Dès que je suis entré dans sa maison, j'ai eu l'impression d'étouffer ; l'atmosphère qui y régnait était celle d'un vieux musée oublié.
Après avoir salué les maîtres de maison – une femme assez jeune, mais avec une tristesse dans la voix, et son mari plutôt réservé –, nous nous sommes assis sur le seul canapé de la pièce, un sofa en cuir noir comme on peut en voir un peu n'importe où.
Le mari m'a expliqué qu'ils désiraient créer une ambiance

plus décontractée, plus joyeuse dans leur salon. Entretemps, je me suis levé pour me faire une idée de l'espace en question. En longeant les murs, j'ai découvert un immense meuble de télévision qui occupait tout le mur principal du salon. Les étagères étaient remplies de trophées, de photos et de souvenirs d'un parcours sportif. Tous les meubles étaient de teintes sombres. Le sol était recouvert d'une moquette grise et les murs étaient peints dans une couleur taupe. Une porte-fenêtre donnait sur un jardin, mais la lumière du jour était obstruée par des panneaux vénitiens coulissants en bois sombre.

J'ai alors repris ma place sur le canapé à côté de mon hôte, avant de le questionner sur son métier. Tel un psychologue, l'architecte d'intérieur doit connaître la façon de vivre de ses clients, leurs passions, déterminer leurs goûts, leur type de sensibilité. D'une manière générale, je cherche aussi à connaître la raison profonde pour laquelle ils font appel à moi et la manière dont ils vont utiliser la pièce qu'ils désirent transformer. J'ai appris, de la bouche de mon hôtesse, que son époux avait été un grand champion de hockey sur glace mais que, après une chute au cours d'un entraînement, il s'était grièvement blessé et avait dû mettre un terme à sa carrière – d'où tous les trophées, photos et objets exposés. Dans quel lieu ce grand ex-sportif pouvait-il oublier ce passé lourd de souvenirs et se ressourcer ? Sans hésitation, il me répondit : Hawaï.

En un mot, il m'avait donné la palette sensorielle dont j'avais besoin pour refaire son salon. Avec sa femme et sa fille, ils séjournaient fréquemment dans cet archipel, qu'ils adoraient tous les trois. J'avais déjà mentalement presque fini le salon : meublé dans un style sobre et contemporain, avec les murs peints en bleu pâle – en référence à la couleur limpide de l'eau d'Hawaï –, le salon serait composé de deux larges canapés en rotin, recouverts de gros coussins en toile blanc cassé et complétés par d'autres plus décoratifs, avec des motifs ethniques traditionnels de ces îles. Le sol serait en bois de bambou clair, en harmonie avec quelques palmiers dans des bacs de couleur terre-de-Sienne. Je leur ai demandé de choisir des photos de leurs séjours heureux à Hawaï, que j'ai fait encadrer et poser sur une commode coloniale d'époque – venant remplacer l'ancien immense meuble de télévision. À l'intérieur de cette commode, sur sa face arrière, était dissimulée la télévision. Les propriétaires pouvaient facilement la faire coulisser électriquement au-dessus du meuble tout en restant assis sur un canapé. Sur la table basse, j'ai disposé des bougies aux senteurs florales – des odeurs qui rappelaient celles des végétaux à Hawaï.

Mais que faire des trophées et des photos d'événements sportifs ? Je ne pouvais pas les entasser dans des cartons

qui finiraient dans leur cave… J'ai alors eu l'idée de placer une longue console entre le canapé principal et le mur arrière, sur laquelle seraient exposés tous ces souvenirs. De cette manière, assis sur le sofa, le maître de maison avait son passé sportif derrière lui. La nouvelle ambiance, source de bien-être, était devant lui.
Mes clients ont été extrêmement satisfaits du résultat ; je les ai quittés en famille et avec le sourire. Deux mois plus tard, j'ai reçu une lettre de l'ex-joueur de hockey : il avait trouvé une nouvelle voie professionnelle. Il me confiait également qu'au moment de notre rencontre, il pensait divorcer, tant sa dépression avait affecté son couple. Sa femme et lui avaient depuis renoué des liens plus intenses. Quant à sa fille, qui subissait aussi le malaise de ses parents, elle allait mieux et avait à nouveau d'excellents résultats scolaires.
Je ne prétends pas être un magicien, mais cette histoire montre à quel point notre environnement familier a un effet très important sur notre moral et notre bien-être. Elle est aussi la preuve que notre maison est le reflet vivant de notre personnalité, de notre état d'esprit. Dans cet exemple, la maison était le lieu d'exposition, de préservation d'un passé dont l'ex-joueur de hockey n'arrivait pas à se débarrasser pour avancer dans son existence. Il désirait que sa pièce à vivre soit modifiée, et il m'a alors contacté : un premier pas de franchi pour se délivrer

de ce passé, puis je l'ai aidé à le placer définitivement derrière lui.

Que faut-il retenir ?

La pièce à vivre, comme son nom l'indique, est le lieu clé de votre maison ou de votre appartement. C'est à cet endroit, plus que partout ailleurs, que vous devez vous sentir heureux de vivre et maître de votre existence. Si tel n'est pas le cas, interrogez-vous, examinez la pièce en détail en utilisant tous vos sens pour déterminer les raisons du malaise. Ensuite, en changeant positivement votre décoration, en l'accordant avec des couleurs qui vous ressemblent, en créant une ambiance qui vous régénère avec des matériaux, des objets et des senteurs qui vous apportent du bien-être, vous verrez que les effets sont aussi bénéfiques qu'une alimentation saine ou des vacances.

9
Nourrir son corps et son esprit

Cuisine

Elle est la pièce où l'on prépare les repas, et bien souvent où l'on mange ; elle est la source de notre alimentation physique mais aussi émotionnelle.

S'il faut manger pour survivre, notre corps a aussi besoin de bien s'alimenter sur le plan émotionnel. Au cœur de notre habitation, la cuisine représente l'estomac. Mais ce dernier n'est pas une machine ; de la même manière, cette pièce n'est pas uniquement fonctionnelle.
Cet organe se retrouve dans nombre d'expressions, soulignant son lien avec nos émotions et nos sensations : « avoir une boule à l'estomac », « avoir l'estomac dans les talons » ou « avoir quelque chose qui reste sur l'estomac ». Sans oublier ce célèbre proverbe chinois : « Le véritable chemin

pour toucher le cœur d'un homme passe par son estomac. » Preuve, s'il en faut, que cette partie de notre corps est importante pour notre bien-être physique et émotionnel. Chacun d'entre nous possède également sept points énergétiques, nommés chakras[1]. Le troisième se situe au niveau de l'estomac, il s'agit du « chakra du plexus solaire », le « centre de triage » des énergies. Il est en rapport direct avec nos émotions. Si, par exemple, nous sommes stressés, ce chakra est déséquilibré. Un déséquilibre qui se traduit souvent par des troubles de la digestion. Pour lutter contre ces bouleversements psychologiques, il faut soigner

1. Petit rappel concernant les chakras : le premier, « chakra racine », est situé près du coccyx, à la base de colonne vertébrale. Il évoque les notions de fondation et de stabilité ; le deuxième, surnommé « chakra sacré », est situé au niveau de l'os pubien. Il met en relation avec la sexualité, le travail et le désir matériel ; le troisième, proche de l'estomac, sous la pointe du sternum, est le centre de distribution de l'énergie physique. Il confère l'estime de soi, favorise la prise en main des situations ainsi que le courage de prendre des risques ; le quatrième, le « chakra du cœur », situé au niveau du thorax, est le centre des sentiments nobles et de l'équilibre ; le cinquième chakra est situé dans le creux de la gorge. C'est le centre de la communication, de l'expression de soi, de la créativité ; le sixième, appelé « troisième œil » est localisé au milieu du front, entre les sourcils. Il a pour rôle d'ouvrir l'esprit pour parvenir à la sagesse à travers les expériences de vie ; le septième, « chakra couronne », situé au sommet de la voute crânienne, est le centre de connections avec l'Univers et le monde invisible. Il permet d'élever la conscience, de développer la spiritualité et de discerner le bon du mauvais.
Les trois chakras inférieurs (ceux des besoins vitaux, fondamentaux : l'instinct, la sexualité, la force, l'alimentation) sont reliés aux trois chakras supérieurs (l'intellect, la conscience supérieure) par le chakra du cœur.

ce chakra en dégustant des repas sains, en se relaxant, en savourant et surtout en prenant le temps. L'estomac est comme le moteur de l'organisme et, s'il n'est pas nourri correctement, il bloque alors les six autres chakras, donc toutes les autres fonctions de notre système. **Choyer son estomac commence alors par la cuisine : qu'il s'agisse des mets que l'on mange ou de la pièce dans laquelle on les prépare !**

Dans une époque encore assez proche, la cuisine était le centre névralgique de la maison, le foyer. Tout le monde se rassemblait autour de la cheminée ou du poêle pour manger, se réchauffer, discuter. Mais l'apparition des radiateurs dans chaque pièce, le développement des appareils électroménagers, le soin apporté à l'hygiène ont contribué à faire de la cuisine un simple lieu où la nourriture est stockée et où les plats sont préparés : une sorte de laboratoire culinaire. Si l'espace est assez grand, on peut y aménager un coin salle à manger. Mais la fonction sociale du foyer s'est déplacée dans la pièce à vivre, le salon, souvent juxtaposé à la salle à manger.
Durant ma carrière d'architecte d'intérieur, j'ai eu l'occasion de créer toutes sortes de cuisines, selon les habitudes de mes clients, leur style de vie, la taille de leur habitation. Parmi la multitude d'options existantes, deux agencements se retrouvent cependant fréquemment, avec quelques

variantes. Le premier modèle place la cuisine à l'écart des pièces à vivre ; elle est alors cloisonnée et bien définie. Le second correspond à ce qu'on appelle communément « la cuisine américaine », ouverte sur l'espace de vie. Pour réaliser cette deuxième forme d'aménagement, il faut, si possible, casser la cloison entre la cuisine et la partie salon/salle à manger, et la remplacer par un bar ou un îlot. De cette manière, il est possible de s'asseoir, souvent sur des tabourets hauts, de tenir compagnie à la personne qui cuisine, et d'y manger. Mais il s'agit alors de repas avalés rapidement, seul ou à deux. En effet, les tabourets hauts, souvent inconfortables, ne donnent pas envie de se poser. De même, le bar où chacun s'installe, parfois côte à côte et regardant dans la même direction, n'incite pas à la conversation, à partager ses sentiments, ses problèmes, etc. On y est alors trop en équilibre, trop à l'étroit, trop entre deux espaces pour nourrir correctement son corps et son esprit. Cet agencement, pratique, facile d'entretien, est en vogue depuis plusieurs décennies. Mais, sans que ce soit tout à fait conscient, il a marqué la fin d'un mode de vie. Les repas ne sont plus des moments de réunion mais plutôt des obligations. Il n'est pas rare que, dans une telle cuisine, ses occupants mangent de façon décalée, sur le pouce, ce qui souligne la progression de l'individualisme au détriment du lien social. C'est le plat tout préparé

et avalé en hâte qui s'oppose à la grande cocotte dans laquelle ont mijoté viande et petits légumes.
Le modèle de la cuisine américaine s'est développé car il permet un énorme gain de place dans de petites surfaces. Je suis, par exemple, intervenu dans un studio à Paris pour un client qui tenait à avoir un espace salle à manger car il aimait cuisiner et recevoir. La taille de son appartement ne pouvait malheureusement pas satisfaire son désir. Je lui ai alors proposé la solution suivante : placer une table basse qui avait la possibilité de s'élever pour devenir une véritable table, autour de laquelle il était possible de manger tout en restant assis sur le canapé et les fauteuils qui l'entouraient. Il pouvait ainsi facilement transformer son salon en salle à manger sans perdre d'espace. Cette issue lui permettait d'accueillir ses amis, de partager avec eux des repas, et ainsi de nourrir sa maison intérieure de sensations gustatives et affectives.

Il est généralement facile de deviner les habitudes alimentaires et, plus largement, le style de vie des occupants d'une maison en visitant seulement leur cuisine. Quand vous rentrez dans cette pièce, sentez-vous des odeurs agréables de nourriture ? Voyez-vous des fruits disposés dans un plat, des légumes prêts à être cuisinés ? Que remarquez-vous sur le plan de travail ? Des ustensiles, des épices, de petits appareils électroménagers ? Ou au contraire est-il plutôt vide, donnant l'impression d'être peu utilisé, avec en prime un micro-ondes en évidence ? Autant d'indices qui en disent long sur l'estomac intérieur de votre hôte !

Autre exemple : un jeune couple a fait appel à mes services pour le réaménagement de leur grande maison. Concernant la cuisine, ils m'ont expliqué qu'ils voulaient qu'elle soit fermée et juxtaposée à la salle à manger. Cette dernière était séparée du salon par des portes coulissantes en verre. Ils avaient à cœur de cloisonner chaque pièce selon l'utilité qu'ils en avaient. Et, à ma grande surprise, je me suis aperçu qu'ils n'avaient aucune notion des éléments nécessaires à la constitution de cet espace. Pour eux, seuls suffisaient un grand frigo, un grand congélateur, un micro-ondes, un évier et une cave à vin et, ont-ils ajouté après un moment, des plaques chauffantes. Ils souhaitaient que le plan de travail soit disposé entre le réfrigérateur et le micro-ondes, à gauche du congélateur, pour déposer leurs courses et faciliter le rangement. Ils désiraient également une table haute pour pouvoir manger rapidement. J'ai immédiatement compris que ces jeunes gens se nourrissaient mal, consommant principalement des plats surgelés ou livrés tout préparés, et qu'ils ne prenaient ni le temps de cuisiner ni même celui de savourer correctement ce qu'ils achetaient. Jeunes, pris dans le tourbillon de la vie active, ils n'étaient pas encore conscients qu'une alimentation saine, dégustée en toute quiétude, a une énorme influence non seulement sur notre santé mais aussi sur notre sentiment de bien-être, sur nos propres capacités intellectuelles et émotionnelles.

Quand j'interviens dans une maison, un appartement, je recommande toujours à mes clients de prévoir le moment où ils voudront revendre leur propriété, même s'ils croient y rester toute leur vie. Un bon aménagement, pensé dès l'origine du projet, notamment pour la cuisine, offre une plus grande valeur à l'habitation. J'ai souvent connu des couples qui, à cause de changements importants dans leur vie, comme la naissance d'un enfant, un divorce, une mutation, une perte d'emploi, ont dû quitter leur logement de façon précipitée. Ils se réjouissaient alors d'avoir suivi mes conseils et de pouvoir revendre facilement leur maison, bien conçue dès le départ. **Anticiper, prévoir tous les bouleversements possibles, permet d'être plus serein dans le lieu où l'on vit.**
Une cuisine n'a pas besoin d'être immense pour qu'on puisse y créer des plats élaborés, elle doit être avant tout pratique et agréable. Il faut aussi privilégier un bon éclairage pour la rendre plus fonctionnelle. Ce sont autant de détails que négligent ceux qui ne cuisinent

jamais et pour qui la cuisine n'est qu'une pièce usuelle, sans âme.
Et, comme pour l'ensemble du logement, la cuisine doit correspondre à notre taille, à nos habitudes et besoins au quotidien. Quand je réalise le design de cet espace, je demande à mes clients de se placer devant chaque élément électroménager (par exemple, les plaques chauffantes) et d'imaginer les différents gestes qu'ils feront lorsqu'ils seront en train de préparer un plat : chercher des ustensiles, choisir des épices, remplir une casserole d'eau, sortir un aliment du réfrigérateur, etc. Ils font de même devant le four, l'évier, etc. Et supposons que, après avoir mangé et rapporté les assiettes sales, ils aient besoin de jeter des déchets dans la poubelle : celle-ci devra donc être proche de l'évier pour rincer assiettes et plats. Le lave-vaisselle devra également se trouver à proximité pour éviter de se disperser et de salir le sol.
Quand vous agencez cet espace, soyez donc logique et pragmatique. Pensez gain de temps, facilité et sécurité. Visualisez-vous dans l'action, imaginez vos besoins selon l'utilisation de chaque élément : vous sortez un plat brûlant du four, où allez-vous le poser ? Vous n'allez certainement pas traverser la cuisine pour trouver le bon endroit, et il est évident qu'il faut que celui-ci soit à portée de main. Il en est de même avec les assiettes, verres et couverts de tous les jours que vous

sortez du lave-vaisselle : hors de question de les ranger dans un placard à l'autre bout de la cuisine, en hauteur, voire dans une autre pièce.

Avoir une cuisine fonctionnelle est aussi une incitation à bien s'alimenter, à prendre soin de soi au quotidien. Plus jeune, j'adorais cuisiner pour mes amis. Mais une fois seul, j'oubliais parfois de me nourrir, ou je grignotais debout quelques restes : un morceau de fromage par-ci et un bout de pain par-là. Lorsque j'ai pris conscience que je traitais mieux des connaissances, voire des quasi-inconnus, invités dans ma demeure, que moi-même, j'ai compris que j'avais un problème. Un problème de confiance en moi et même de respect de ma propre personne.
Un soir, j'avais organisé un dîner romantique chez moi. J'avais passé une partie de la journée à tout préparer : cuisiner, dresser une belle table, rafraîchir une bouteille de champagne au réfrigérateur, allumer des bougies et choisir une musique douce. À la dernière minute, la personne a annulé sa venue. Déçu, j'étais prêt à tout remballer et à éteindre les bougies et la musique. J'avais donc fait tout ce travail pour quelqu'un que je connaissais à peine, et j'étais prêt à me priver de cette soirée parce que je me retrouvais seul. Je me suis ressaisi : j'ai débouché le champagne, me suis servi une coupe, ai dégusté mon dîner seul et ai passé un agréable moment.

J'étais conscient, pour la première fois, que je méritais de me traiter aussi bien, si ce n'est mieux, que les quasi-inconnus que je recevais. C'est à cette époque que j'ai décidé de cuisiner pour moi-même. Je me préparais avec amour mes mets favoris. Je mettais la table, de la musique, j'allumais des bougies et savourais ce que j'avais confectionné avec soin. Au début, ce sentiment me semblait étrange, mais j'ai vite appris à apprécier ces instants. Dans les plats que j'élaborais, je mettais une grande part d'affectif. Je reproduisais certaines de mes recettes préférées ; celles que ma mère me préparait dans mon enfance pour me faire plaisir : sa ratatouille, son soufflé au fromage ou sa tarte Tatin. S'inviter soi-même à un bon dîner chez soi peut paraître ridicule. En réalité, c'est une manière d'apprendre à se respecter, à s'aimer sans dépendre des autres. Sans attendre une soirée exceptionnelle, une invitation au restaurant. Sans attendre que quelqu'un vous nourrisse physiquement et émotionnellement. En ne recherchant pas l'amour chez l'autre, en apprenant à vous aimer comme vous êtes, vous comprenez alors que les personnes dont vous souhaitiez attirer l'attention vous respectent soudainement, vous aiment elles aussi pour ce que vous êtes. **Faire plaisir à son estomac, c'est également satisfaire son ego et s'offrir la possibilité de**

vivre pleinement ses émotions sans avoir... une « boule à l'estomac ».

Que faut-il retenir ?

Il est important que votre cuisine, même petite, par son aménagement, ses odeurs, son atmosphère, soit agréable. La nourriture saine et goûteuse donne des forces physiques et psychiques, mais il faut garder en tête que tout prend sa source dans le lieu même où les plats sont préparés. Cette pièce, même si vous ne dégustez pas vos préparations en son sein, même si vos invités n'y entrent que rarement, doit être conviviale, réconfortante, presque appétissante. S'il vous est possible d'y disposer une table, vous pouvez l'utiliser pour vos repas quotidiens, notamment le petit déjeuner. Faites l'effort de vous asseoir, de prendre le temps et d'être dans le partage à deux ou à plusieurs.

Rappelez-vous que c'est par l'estomac que toutes nos énergies sont dispersées à travers le corps, à travers nos muscles, jusque dans notre cerveau.

10
Vider nos placards d'un passé encombrant pour laisser place à un futur épanoui

Placards

Dans notre logement, ils servent à ranger nos affaires, et dans notre maison intérieure, nos souvenirs.

Êtes-vous de ceux qui font une fois par an un grand nettoyage de printemps chez eux ? À cette occasion, pensez-vous à explorer tous vos placards et à les vider du superflu ? Si nous ne sommes pas vigilants sur ce point, notre maison peut vite devenir une sorte d'immense débarras dans lequel est rangé un peu tout et n'importe quoi. Avoir un grand nombre de rangements, dans son habitation, semble alors idéal pour optimiser l'espace et mettre tout en ordre. Mais attention, un surplus de placards peut s'avérer dangereux : c'est un prétexte pour accumuler et stocker à n'en plus finir les habits, la paperasse et autres objets variés…

Qui n'a pas chez soi un tas plus ou moins important de vêtements inutilisés ? Soigneusement gardés juste « au cas où » nous voudrions les re-porter, avec des prétextes tout trouvés : « je perdrai bien ces kilos en trop, un jour » ; « la coupe ou la teinte reviendront à la mode » ou « j'aurai une nouvelle occasion de les mettre ». **Autant d'arguments qui rendent notre dressing et notre corps prisonniers du passé.** Sans oublier tous ces cadeaux qui ne nous plaisent pas ou qui font double emploi, et qui sont vite relégués dans une armoire ou au grenier. Ils ne sont alors ni donnés ni jetés, par affection pour ceux qui les ont offerts, et sont au mieux exhibés lorsque ces derniers nous rendent visite. C'est ainsi que, même dans un appartement de taille modeste, on peut rapidement se retrouver avec une masse considérable de choses dont on ne se sert définitivement plus, voire dont on oublie l'existence pour peu qu'on ouvre rarement les placards et tiroirs concernés. Seul le hasard sort parfois tous ces objets de leur cachette. Il en est de même avec certains de nos meubles, soit parce que nous avons déménagé et n'en avons plus l'utilité, soit parce que nous en avons acheté de nouveaux : nous gardons les anciens « au cas où » un proche en aurait besoin, ou pour les vendre, mais nous repoussons toujours le moment de s'en occuper par sentimentalisme, nostalgie ou paresse.

Le « au cas où » est le prétexte qui nous retient de nous

débarrasser de toutes ces affaires, qui ne font pourtant que nous alourdir, nous envahir et nous ramener au passé. Ce sont des boulets que l'on traîne sans toutefois trouver la volonté de nous en délivrer. Ce sont autant d'éléments qui nous font manquer d'air dans notre maison intérieure. **Faire du vide chez soi, oser se défaire d'un tas de reliques, c'est au contraire libérer sa maison intérieure de tout ce qui nous empêche d'avancer dans la vie, pour jouir du présent et préparer l'avenir.**

Un jour, un couple a fait appel à moi pour métamorphoser un garage en pièce à vivre. Ce désir de transformation était positif mais c'était sans compter un obstacle de taille : l'encombrement du garage. Nous avions agrandi la cuisine sur l'espace salle à manger, et le salon avait pris la fonction de cette dernière. Le garage n'avait jamais été utilisé pour leurs voitures : en réalité, il s'agissait d'un espace dans lequel le mari avait entassé un nombre incalculable d'objets au fil des années. On y trouvait pêle-mêle de vieilles télévisions à tube cathodique, des cassettes VHS et même des films super 8, des cartons pleins de journaux, de vieux tapis rongés par les mites et l'usure, des chaises cassées et bien d'autres choses sans aucun intérêt. Comble du comble, l'épouse travaillait comme *home organiser* : elle réorganisait les placards de ses clients, les aidait à se séparer de vêtements qu'ils ne portaient plus ou d'objets inutilisés, à classer leurs papiers, et les accompagnait dans bien d'autres tâches destinées à leur simplifier la vie et à leur permettre d'y voir plus clair chez eux. Si ses techniques fonctionnaient avec ses clients, ce n'était pas le cas avec son mari, qu'elle ne parvenait pas à convaincre de faire du tri dans leur garage. Le mari comme l'épouse avaient pourtant envie de sortir de cette situation puisqu'ils m'avaient contacté avec le désir de créer cette nouvelle pièce à vivre.

Pour établir un projet, j'ai expliqué au mari qu'il fallait que cet espace soit vidé de son contenu afin d'isoler les murs, d'installer un parquet et de percer des ouvertures ainsi que la porte qui relierait le garage à la maison. Plutôt que de trier et de jeter, il préféra me suggérer de louer un container pour stocker le contenu du garage au cours de l'aménagement, mais il m'assura qu'il rangerait son « fouillis » ensuite… dans les nouveaux placards qui seraient créés ! Je lui ai montré les plans de leur futur salon pour qu'il puisse comprendre la grandeur des espaces de rangement qui seraient intégrés, et je lui ai indiqué aussi le nombre de mètres cubes que ces placards pouvaient contenir. Le mari a pris conscience, non sans panique, qu'il allait devoir se séparer de la majeure partie de ce que contenait son garage. Pour faire place au changement, au renouvellement, il lui fallait se débarrasser de tout ce qui n'était pas essentiel. Je lui ai proposé de demander à sa femme de

mettre des stickers rouges sur les objets qu'elle considérait superflus et d'appeler les encombrants ainsi qu'une association caritative pour tout récupérer. Les stickers rouges se sont vite retrouvés un peu partout, et le mari était de plus en plus nerveux à l'idée de se défaire de tout ce trop-plein, qui représentait certaines grandes étapes de son passé. Je lui ai ensuite proposé de retirer les stickers sur les objets qui étaient, à ses yeux, absolument essentiels mais, au préalable, je lui ai rappelé que, pour réaliser mon travail – la création d'un salon avec l'ameublement que sa femme et lui souhaitaient –, j'avais besoin d'espace : il est revenu vers nous avec seulement deux stickers dans la main. **Il avait compris que, pour pouvoir avancer dans la vie, il fallait se libérer de ses anciens souvenirs encombrants et faire de la place aux nouveaux.**
Peu après, les ouvriers ont fait trois tas devant la maison : le premier, le plus petit, correspondait à ce que le couple conservait, le second était destiné aux encombrants, et le troisième à une association afin d'offrir une seconde vie aux biens en bon état. Quand les camions sont arrivés et ont commencé à être chargés, le mari a montré à nouveau des signes de grande nervosité, mais il est parvenu à prendre sur lui.
Plus tard, lorsque l'ancien garage est devenu une pièce meublée et bien intégrée au reste de la maison, il m'a remercié et m'a annoncé qu'il avait renoué avec sa

passion : écrire des scénarios. Quant à sa femme, elle était ravie de pouvoir recevoir dans ce nouveau salon et d'avoir donné de l'oxygène à toute la maison. Elle m'avoua aussi que rien de ce dont ils s'étaient défaits n'avait manqué à son mari. Ils étaient tous les deux soulagés d'avoir tourné la page du garage, et le mari était heureux d'avoir réussi à surmonter sa peur de jeter.

Comme ce couple, comme beaucoup d'entre nous, il m'est arrivé aussi d'entasser. Après avoir déménagé et refait ma dernière et actuelle maison à Los Angeles, j'ai compris que faire du vide chez soi permettait aussi de faire du vide dans sa vie intérieure pour aller de l'avant. J'avais quitté mon précédent logement et stocké meubles, tapis, vêtements, objets de décoration, etc., dans mon nouveau garage. Le jour J, alors que les travaux étaient terminés, que j'étais prêt à emménager, je me suis rendu compte que mon garage avait été cambriolé. En réalité, il s'agissait d'une succession de petits vols journaliers, car il était évident que les cambrioleurs, qui m'avaient en quelque sorte « soulagé » de mes affaires, avaient pris leur temps pour ouvrir chaque carton et choisir ce qui les intéressait. Ils s'étaient constitué une garde-robe, une collection de CD, s'étaient approprié des objets de décoration, des ustensiles de cuisine, des tapis et même des meubles. Je pensais que tout ce que j'avais conservé dans ce garage était essentiel pour

l'agencement de ma nouvelle habitation. Sur le moment, j'ai été furieux, mais, peu après, constatant que rien de ce qui m'avait été volé ne me manquait, j'ai considéré ces cambriolages comme une leçon que m'offrait la vie.
Ainsi, j'ai compris qu'aucun bien matériel n'est indispensable. Au contraire, grâce à ces vols et à l'assurance qui m'a dédommagé, j'ai pris le temps de chercher ce qui conviendrait parfaitement à ma nouvelle maison et à ma nouvelle vie, sans être obligé d'intégrer ce qui avait appartenu à un autre moment de mon existence. Cette mésaventure m'a beaucoup appris, à la fois sur moi et sur ce qui est vraiment irremplaçable dans la vie : les êtres chers, plutôt que les objets et les souvenirs qui leur sont liés. Il ne s'agit pas bien sûr de faire table rase du passé – celui-ci est nécessaire pour que nous puissions nous construire –, mais il faut savoir choisir, à bon escient, ses souvenirs et ses objets, sélectionner ceux qui nous portent vers l'avenir en sachant les relier avec notre présent et notre futur.

Que faut-il retenir ?

Triez vos placards, de la cave au grenier, au moins une fois par an. Privilégiez le printemps car cette période symbolise le renouveau. Cela peut vous aider psychologiquement à vous séparer de ce qui vous encombre, en vous plaçant dans une dynamique de changement. Sachez que tout ce que vous n'avez pas utilisé depuis deux ans ne vous servira probablement plus jamais. Ne vous embarrassez pas d'habits que vous ne portez plus. Vous avez changé de taille, de style, d'habitudes de vie ? Assumez ces changements, et habillez-vous en ce sens. Pensez partage, recyclage, pour vous permettre de sauter le pas. Les vêtements que vous donnez pourront resservir ou être transformés, de même les objets en bon état trouveront place ailleurs. Que vous revendiez ou que vous en fassiez don, l'essentiel est que vous compreniez que vider vos placards va vous aider à vous recentrer sur votre nature profonde, sur vos goûts réels et sur le chemin que vous voulez suivre à l'avenir. Considérez ce « nettoyage de printemps » comme une thérapie qui vous permettra de dépasser des souvenirs parfois trop lourds et de ne pas vous sentir redevable de ce qui appartient au passé. En rangeant plus facilement votre dressing, vos placards désormais libérés, voire votre garage, vous y verrez aussi plus clair en vous et saurez aller à l'essentiel.

11
Être face à soi-même et s'accepter

Chambre/salle de bains

Ces pièces ne sont pas seulement le lieu où l'on dort et où l'on se lave mais aussi celles qui sont consacrées à notre vie la plus intime et à des moments d'introspection.

À moins d'inviter nos hôtes à faire le tour du propriétaire, la chambre est généralement la pièce dans laquelle ils ne rentrent pas. On peut même parfois se sentir un peu gêné lorsqu'on y pénètre par erreur tant cet espace est personnel, un peu secret.
Si la cuisine, notre « estomac », correspond au troisième chakra, la chambre correspond, quant à elle, au quatrième, celui du cœur. Situé au niveau du thorax, il relie les trois chakras inférieurs, ceux des besoins vitaux, fondamentaux (l'instinct, la sexualité, la force et l'alimentation),

avec les trois supérieurs (la communication, l'intellect, la conscience supérieure). La chambre représente pleinement la relation que nous entretenons avec notre plaisir physique et nos émotions. Que ce soit durant notre sommeil, à travers nos rêves ou nos rapports sexuels, nous atteignons un niveau d'intimité que nous ne retrouvons nulle part ailleurs – mis à part la salle de bains – dans notre habitation et dans notre maison intérieure.

En dehors de notre lieu de travail, c'est probablement la pièce où nous passons le plus de temps. Et ce temps est précieux non seulement pour se régénérer, se reposer, se réénergiser, mais également pour profiter de cet endroit, qui est le plus authentique de notre logement. **Cet espace, tout comme notre salle de bains, doit nous mettre en confiance, pour que nous nous y sentions en sécurité, puisque c'est précisément là que nous sommes le plus vulnérables, physiquement et mentalement.**

Les couleurs dans une chambre doivent être reposantes. Comme je l'ai expliqué dans le chapitre 6, elles ont un impact direct sur notre mental. Pour cette pièce, mieux vaut sélectionner des teintes qui invitent au repos, à la méditation, à la relaxation. C'est à vous de rechercher celle qui vous conviendra. Les textures des principaux matériaux doivent aussi être douces et plaisantes au

toucher, que ce soit sous vos pieds ou sur votre corps : des tapis moelleux, une literie confortable, bien adaptée à votre corpulence et à votre façon de dormir.
Nous sommes plus souvent au contact de nos draps qu'à celui de n'importe quel vêtement de notre garde-robe, et il est donc légitime de porter attention à leur qualité. Plus jeune, il m'est arrivé, en boutique, de me faire réprimander parce que j'ouvrais les emballages pour toucher le linge de lit avant de l'acheter. J'expliquais alors à la vendeuse que je ne pouvais pas dépenser mon argent sans connaître la sensation de ces draps au contact de ma peau. Lorsqu'on achète un pantalon, un pull ou une chemise, il est possible de l'essayer au préalable. Heureusement, aujourd'hui, nous trouvons de plus en plus d'échantillons de parures de lit dans ces mêmes rayons. Votre couette ainsi que vos oreillers sont également des éléments extrêmement importants pour votre sommeil, et donc votre forme. Ils vous permettent de passer une nuit plus ou moins reposante et réparatrice selon leur qualité et vous préparent physiquement et moralement au lendemain.
Quant à l'atmosphère sonore, il est préférable que les sons soient assourdis, atténués, feutrés pour obtenir une sensation de cocon. Les tapis, votre literie et vos rideaux contribueront à ce bien-être sonore. Les odeurs ne sont, elles aussi, pas à négliger : elles doivent être non seulement

apaisantes, comme celle de la lavande, mais surtout nous correspondre.
Lorsque cet espace est partagé, il l'est généralement avec notre conjoint. Dans une telle situation, mieux vaut alors que tous ces choix soient faits ensemble. La force d'un couple est le partage mais aussi le respect, l'attention que chacun porte à l'autre. Si la pièce la plus personnelle de votre maison n'est à l'image que de l'un des deux membres de la maison, alors l'autre ne se retrouvera plus dans l'intimité du couple. Cet espace doit être une représentation de cette union et surtout ne pas ressembler à une chambre de célibataire. **À l'instar du couple qui apprenait à pratiquer le tango conjointement[1], partager une habitation, c'est donc apprendre à danser ensemble, sans marcher sur les pieds de l'autre.**

L'expression « chambre parentale » m'a toujours posé problème, même si les agents immobiliers l'utilisent fréquemment. Elle me paraît restrictive, voire discriminatoire. Bien des personnes sont célibataires, ou en couple et sans enfant. Je préfère donc dire chambre du maître, de la maîtresse ou des maîtres de maison. Aux États-Unis, nous employons la formule *master bedroom* ; celle-ci permet d'inclure tous les cas de figure, sans offenser personne.

1. Cf. le chapitre 6 sur les couleurs.

Rappelons-nous que notre maison intérieure est fragile : il est donc essentiel de choisir un vocabulaire adapté à notre situation, qui renforcera notre confiance en nous et nous nourrira positivement.
Après avoir perdu la vue, je me sentais endommagé, cassé. J'étais dépossédé de toute l'assurance que j'avais difficilement acquise en dépit d'une enfance compliquée. Le jour où je suis devenu aveugle, j'ai compris que désormais je n'allais plus pouvoir me cacher, je n'allais plus pouvoir faire semblant de m'aimer, d'être bien dans ma peau. J'avais honte de moi. Il a fallu que je sois médiatisé comme le « super aveugle », que je devienne *The Blind Designer*, pour retrouver un brin de confiance en moi.
Mais, au fond de moi, ce sentiment d'imposteur était toujours présent et me hantait. C'est à travers le langage, les mots que j'ai recommencé à me respecter. Je remplaçais chaque expression négative que j'utilisais à mon encontre par une autre positive. Quand, en public ou entre amis, je répondais à une question qui ne m'était pas adressée – parce que je ne pouvais pas voir l'orientation du regard de l'interlocuteur –, j'avais le réflexe de me traiter d'idiot. J'ai remplacé ces réflexions blessantes par : « Ce n'est pas grave, je n'avais pas compris que la question était pour quelqu'un d'autre », ou j'en riais juste. L'humour est un excellent moyen de tourner ses erreurs en dérision et, par conséquent, de faire sourire tout le

monde. Un jour, je me souviens, je marchais encore avec l'aide d'une canne blanche, avant d'avoir mon premier chien guide, et j'avançais vers l'entrée d'un bâtiment : du trottoir aux portes, le chemin était bordé de fleurs. Je déambulais en confiance, la tête haute, mais sans me rendre compte que je me dirigeais de travers. Soudain, je suis tombé la tête la première dans les plantations. À ce moment-là, j'ai pris conscience que j'avais deux choix : soit de me traiter d'imbécile, d'être furieux et embarrassé, soit de me relever en riant. J'ai préféré opter pour la seconde option. Depuis ce jour, j'ai toujours fait le choix de me traiter avec amour et compassion. J'ai appris, non sans de grandes souffrances, à m'accepter comme un homme aveugle, et non comme le célèbre *Blind Designer*. À l'époque, certains de mes amants ont même rompu avec moi après avoir recherché mon nom sur Internet, en m'expliquant qu'ils n'avaient rien à m'offrir comparé à mon parcours de vie exceptionnel. Mon habitation, comme ma maison intérieure, les intimidait ; celle-ci leur semblait très sophistiquée, car en harmonie avec tous mes sens. C'était un espace où ils se sentaient bien mais ils imaginaient qu'il fallait avoir les moyens financiers pour arriver à ce résultat. Ils n'avaient pas compris que ma maison ne faisait que refléter mon équilibre émotionnel : un endroit où j'étais en paix avec moi-même. Et il est possible de créer un lieu aux vibrations positives sans dépenser une fortune.

Attristé par cette situation récurrente, je me suis confié à un ami, qui m'a répondu la chose suivante : « Éric, la bonne nouvelle est que tu es extraordinaire, et la mauvaise nouvelle est que tu es quelqu'un qui sort de l'ordinaire. » J'ai alors compris que, tout comme mon habitation, ma maison intérieure ne correspondrait pas à tout le monde. J'en ai tiré cette leçon : il est important que chacun de nous s'accepte avec toutes ses qualités et ses défaillances, ses handicaps. Il est essentiel d'aimer autant notre part positive que notre part négative plutôt que d'en avoir honte. **Aujourd'hui, je ne cherche plus à montrer seulement la partie séduisante de ma maison intérieure, j'en dévoile son intégralité.**

Cette acceptation de soi s'exprime pleinement dans la chambre car elle est le lieu de notre intimité la plus profonde. Ranger ses vêtements dans un placard, faire son lit en aérant la pièce sont autant d'actions qui contribuent à notre organisation mentale et émotionnelle pour démarrer une bonne journée mais également la terminer. Il n'y a rien de plus agréable que de se coucher dans un lit bien fait.

Une autre pièce, tout aussi intime, joue un rôle assez similaire à celui de la chambre, lieu où nous nous retrouvons face à nous-même : la salle de bains. C'est ici que nous commençons et finissons nos journées. Comme dans notre chambre, nous y sommes nus physiquement mais également mentalement. Lorsque nous sommes devant notre miroir, certes nous nous coiffons, nous nous maquillons, nous nous rasons, mais nous faisons aussi un point sur nous-même, sur l'évolution de notre apparence et l'image que nous renvoie cette glace, face à nous. Semblons-nous tristes, fatigués, ou, au contraire, épanouis et rayonnants ? Il n'est d'ailleurs pas rare, le soir, en se démaquillant, en se lavant, de se livrer à un bilan de la journée passée, d'évaluer ce qui a été réussi et les défis à venir. Ces instants ont un fort impact sur la représentation, physique et mentale, que l'on a de nous-même. Là encore, il nous faut nous accepter et lutter contre ces voix intérieures nocives : dans le miroir, voir nos cernes sous les yeux, l'apparition de rides et des cheveux blancs, nos paupières qui tombent, etc., affaiblissent notre confiance en nous. S'accepter ne signifie pas pour autant se laisser aller ou ne pas désirer être au meilleur de sa forme physique : si nous souhaitons améliorer l'apparence de notre corps, à nous de nous en donner les moyens (par l'alimentation, la pratique régulière d'un sport, etc.) et de trouver, en nous-même, la patience requise.

Notre salle de bains est notre sanctuaire. Afin de contribuer

positivement à notre image, notre bien-être émotionnel, il est important de bien agencer cet espace. Comme pour les autres pièces, faites travailler tous vos sens lors de son aménagement. Lorsque vous choisissez le sol, n'hésitez pas à vous déchausser et à marcher pieds nus sur les matériaux sélectionnés. Lequel est le plus agréable ? Pensez aux différentes saisons avec leurs changements de température : comment ce revêtement réagira à ces variations ? Deviendra-t-il plus froid en hiver, ou restera-t-il à température ambiante ? En contact avec l'eau, risque-t-il d'être glissant ou possède-t-il des propriétés antidérapantes ?
Songez aussi aux couleurs des matériaux. Comment celles-ci vont-elles affecter votre teint ? Vous ne voulez probablement pas avoir mauvaise mine en vous regardant dans le miroir – ce qui serait, sans aucun doute, très mal vécu en vous-même, dans votre maison intérieure. Optez donc pour des tons clairs, en évitant les bleus, verts et jaunes trop prononcés. Choisissez également un éclairage bien adapté, qui vous mettra en valeur, ni trop froid – en lumière bleue – ni trop chaud – en lumière jaune.
N'hésitez pas également à avoir recours à des tapis de bain pour absorber l'écho de cette pièce et la rendre plus chaleureuse. Les matériaux utilisés dans cet espace sont généralement durs et froids, comme la faïence, le carrelage, la pierre. Pour rendre votre expérience encore plus agréable, l'installation d'un sèche-serviettes

pourrait être appréciable, notamment en hiver. La plupart de ces appareils sont fabriqués avec un système de chaleur ventilée qui réchauffe rapidement votre espace et change en quelques minutes votre expérience sensorielle.

La salle de bains participe aussi à votre bien-être si elle est pratique, facile à vivre. Comme avec votre cuisine, imaginez-vous devant votre lavabo : avez-vous assez d'espace autour de lui pour poser les différents objets et produits cosmétiques utilisés au quotidien ? La lumière qui éclaire le miroir est-elle adéquate pour vous maquiller ou vous raser ? Les serviettes sont-elles à proximité ? Bien souvent, dans des chambres d'hôtel, j'ai été contraint de sortir de la douche et de traverser la pièce pour récupérer une serviette.
D'ailleurs, le linge de toilette n'est pas non plus à négliger. Les serviettes et peignoirs sont-ils agréables au contact de votre peau et assez absorbants pour que le séchage soit un véritable plaisir ?
Un détail, qui n'en est pas un à mes yeux, est l'emplacement consacré au shampoing, gel douche et rasoir, dans la douche ou baignoire, qui devraient être à portée de main. Souvent, nous devons les poser au sol, ce qui est à la fois peu pratique et peu esthétique. Afin de résoudre ce problème, je fais installer soit une niche dans le mur,

soit une étagère, souvent composée des mêmes matériaux que ceux utilisés pour les parois.

Personnellement, les quelques minutes passées sous la douche me permettent non seulement de me nettoyer physiquement mais aussi émotionnellement. Je visualise l'eau traversant l'intégralité de mon corps, emportant avec elle tout ce qui est toxique, toutes les émotions négatives, ne laissant qu'une lumière blanche dans ma maison intérieure. Ainsi, pour mes produits de toilette, comme pour l'alimentation, je les sélectionne soigneusement : bios, naturels, avec des fragrances qui me relaxent, qui me font voyager, telle la fleur d'oranger. Même si l'odeur disparaît vite, elle procure sur l'instant une sensation bienfaisante ; votre corps, votre esprit gardent en mémoire ce plaisir.

Enfin, si votre salle de bains n'a pas d'ouverture sur l'extérieur, assurez-vous d'avoir une bonne ventilation pour éviter les formations de champignons, dues à l'humidité prisonnière de la pièce. Malsains, ceux-ci rendent désagréable chaque moment passé dans cet espace et peuvent finir par affecter votre santé.

Rappelez-vous que c'est à vous de déterminer ce qui vous correspondra le mieux dans chacune des pièces de votre logement, ce qui vous nourrira physiquement et mentalement. Plus vous y placerez des éléments liés à votre bien-être, mieux vous vous sentirez dans votre habitation et votre maison intérieure.

Que faut-il retenir ?

Pièces intimes, chambre et salle de bains vous incitent à vous mettre à nu, corps et âme. C'est là que vous pouvez explorer votre psyché, l'image que vous dégagez et celle dont vous rêvez. Ces deux espaces sont aussi des refuges pour votre esprit, des lieux où vous reprenez énergie et confiance.

12
Savoir s'isoler pour être plus concentré et créatif

Bureau

Un espace qui doit être réservé au travail, mais qui peut parfois s'inviter dans notre maison intérieure.

Si avoir un espace, plus ou moins délimité dans notre logement, pour traiter nos documents administratifs et gérer nos factures semble très commun, celui-ci prend désormais de plus en plus d'importance, tant dans notre maison que dans notre quotidien. La table de cuisine ou celle de la salle à manger a fait office de bureau pendant de longues années, mais aujourd'hui avoir un meuble dédié paraît nécessaire. Il peut alors se situer dans notre salon, dans notre chambre ou dans une pièce consacrée à cet usage.

Avec les nouvelles technologies, nous restons en contact avec le monde extérieur sans même quitter notre logement. Mais ce qui peut sembler être un progrès n'est pas sans inconvénient : le danger est d'être davantage connecté avec le dehors qu'avec ceux qui partagent notre toit et de voir notre maison intérieure envahie par des éléments perturbateurs, qui se déploient essentiellement autour du bureau. Ainsi, il n'est pas rare qu'un salarié, et plus encore un indépendant, poursuive ses activités le soir ou le week-end chez lui pour répondre aux exigences du marché. Nous revoilà tels des écoliers, lorsque nous avions des devoirs à faire à la maison, en sacrifiant une partie de notre temps de loisirs. Nos journées professionnelles sont alors rallongées, ce qui a un impact non seulement sur notre vie intime et familiale, mais également sur notre maison intérieure.

Comme je l'ai expliqué dans le chapitre consacré à la cuisine, notre bien-être physique et émotionnel prend sa source dans nos rendez-vous quotidiens avec nous-même, seul, ou avec notre famille, notre conjoint, autour de la table du petit déjeuner, puis, plus tard, en savourant un bon repas cuisiné. Or nous avons tendance à délaisser cet aspect vital de notre équilibre physique et psychique au nom du travail. Pour que notre part intellectuelle, créative et émotive (nos chakras supérieurs) fonctionne bien, il est essentiel que nos chakras inférieurs soient en harmonie également – ce qui implique de se nourrir sainement, d'avoir des activités physiques et une sexualité épanouie.

Personnellement, depuis l'âge de 25 ans, je travaille partiellement ou à plein-temps de chez moi. Au début de ma carrière de directeur artistique dans la mode, j'aimais réfléchir, créer et préparer les campagnes publicitaires de mes clients à la maison. L'esprit créatif n'est pas toujours au rendez-vous lors des horaires de bureau, sans compter les difficultés à se concentrer si on est sollicité en permanence par les collègues, le téléphone, etc. À mon domicile, j'étais libre d'exprimer mes idées à n'importe quelle heure. À cette époque, j'étais jeune, j'évoluais dans un monde compétitif, et je désirais prouver aux autres et à moi-même que je pouvais réussir. Je dormais souvent quand les autres travaillaient, rattrapant les nuits blanches durant lesquelles j'avais trouvé l'inspiration pour mes campagnes publicitaires. Je me nourrissais mal, mangeant quand j'y pensais, et n'ayant jamais le temps de me préparer de véritables repas. Je négligeais ma santé mais aussi ma vie sociale. J'accordais peu de temps à mes amis, refusais des invitations pour rester concentré. C'est à travers le sport, et la discipline qu'il réclame, que j'ai pris conscience que mon corps, tout comme mon esprit, avait besoin de rigueur et d'équilibre. J'ai alors commencé à organiser un nouvel emploi du temps dans lequel, en plus du travail, je ménageais des heures pour cuisiner et me nourrir sainement, faire de l'exercice, échanger avec mes amis, dormir. Très vite, j'ai compris qu'en m'écoutant davantage, physiquement et mentalement, j'étais plus productif dans mes activités professionnelles. Si, vous aussi, vous vous sentez débordé par votre travail, réalisez un emploi du temps personnalisé et tâchez de vous y tenir même si vous êtes professionnellement très sollicité. Il ne faut pas négliger, non plus, le bénéfice des coupures, durant lesquelles je vous conseille d'écouter de la musique, la radio ou les sons de la nature afin de vous réénergiser. Lorsque le manque d'inspiration ou le stress se fait ressentir chez moi, j'ai pour habitude de quitter mon bureau pour aller marcher, me vider l'esprit. Je reviens toujours plus calme, plus apte à trouver des solutions et plus créatif. Une promenade dans un parc ou dans un jardin ressourcera votre maison intérieure.

En outre, aménagez chez vous un véritable espace de travail qui soit séparé du reste de vos autres lieux de vie. Utiliser la table de la salle à manger comme bureau lorsque la cuisine est ouverte vous incitera encore plus à manger sur le comptoir ou l'îlot, c'est-à-dire à prendre des repas seul et sur le pouce. Ne négligez pas ce rituel si important : se retrouver autour d'une table pour un repas en famille, en couple ou même seul ; ce n'est en rien une perte de temps. Votre entourage et vous-même avez

besoin de cette parenthèse qui contribue à votre équilibre. **Ne laissez pas votre bureau envahir ou prendre le pas sur la partie conviviale de votre habitation.** Même remarque si vous décidez de l'installer dans votre chambre : cette pièce doit avant tout être réservée à votre vie intime. Mélanger la part professionnelle et la part personnelle de votre existence aboutit à un conflit émotionnel et intellectuel. Vous vous coucherez, en quelque sorte, sur votre lieu de travail ; ainsi vous ne terminerez pas votre journée sereinement et vous ne ferez pas la coupure nécessaire qui vous aidera à trouver un sommeil réparateur. Vous resterez dans l'énergie et le stress de vos activités journalières. Si vous n'avez pas l'espace nécessaire, et s'il vous est impossible de travailler en dehors de votre logement, mieux vaut donc placer votre bureau dans votre pièce à vivre. Essayez de trouver un emplacement un peu à l'écart, peut-être dans un recoin, et installez un paravent pour isoler cette partie du reste de votre salon. Pour un gain de place et une véritable séparation, vous pouvez aussi aménager un placard en bureau. Ainsi lorsque vous vous arrêtez de travailler, le bureau est fermé et disparaît de votre vue.
Des classeurs, des étagères et des tiroirs faciliteront également vos tâches et vous permettront d'y voir plus clair. N'hésitez pas à faire du tri très régulièrement afin de ne pas être submergé de papiers. Votre bureau n'a pas besoin d'être très grand, au contraire : plus vous aurez de

place, plus vous serez tenté de vous étendre, et plus vous négligerez le rangement, le classement méthodique. Il est important également d'avoir une bonne chaise ergonomique. Il n'est pas rare de dépenser énormément d'argent pour un fauteuil ou un canapé de salon et d'acheter un peu n'importe quoi pour un siège sur lequel vous allez travailler des heures… Choisissez bien aussi votre lampe de bureau pour éviter de fatiguer vos yeux. Aujourd'hui, il est très facile de trouver des éclairages qui s'adaptent à la lumière naturelle : dans des tons froids (bleus) le matin jusqu'à des teintes chaudes (jaunes) en fin de journée, tout comme la lumière du jour. De cette manière, vous restez en adéquation avec les rythmes naturels.
S'il vous est possible d'installer votre bureau dans une pièce dédiée, alors profitez-en pour l'aménager afin qu'elle corresponde à tous vos besoins. Optez pour des couleurs qui stimulent votre intellect et votre créativité, et utilisez-les sur le mur face à vous ou sur votre espace de travail – votre meuble bureau, un sous-main, des accessoires, etc. Pour vous aider à faire ces choix, plongez votre pièce dans le noir et faites défiler différentes couleurs sur l'écran de votre ordinateur jusqu'à ce que l'une d'entre elles vous inspire, vous fasse réagir et crée l'émotion qui vous stimule. De même, si une certaine musique vous aide à vous concentrer ou à vous relaxer, alors écoutez-la durant votre journée.

En outre, si la pièce est trop bruyante, parce que constituée de matériaux durs ou avec de hauts plafonds, installez des rideaux aux fenêtres et des tapis au sol, pour atténuer les sons. Il n'y a rien de plus désagréable que de discuter avec quelqu'un au téléphone ou par visio dans une pièce qui résonne ; phénomène d'écho qui n'aide ni à la concentration ni à la communication.

Il en est de même pour les odeurs. Certaines peuvent vous déranger sans même que vous vous en rendiez compte : par exemple, les produits chimiques des imprimantes, ou d'autres outils utilisés dans votre métier. Aérez votre lieu de travail fréquemment – ce qui vous permettra de mieux respirer dans votre maison intérieure. Vous pouvez aussi diffuser des parfums favorisant la concentration, comme l'huile essentielle de menthe poivrée, le camphre, la fleur d'oranger, mais sans en abuser pour autant, pour ne pas créer trop de stimulations qui vous empêcheront ensuite de vous apaiser.

Le positionnement de votre bureau dans la pièce importe également. Si l'espace le permet, placez-le face à la fenêtre ; ainsi la lumière du jour ne rentrera pas en conflit avec l'écran de votre ordinateur, et si la vue est agréable, elle pourra vous inspirer, vous motiver. De même, réfléchissez à l'aménagement de tous les outils (imprimante, dossiers, etc.) dont vous avez besoin : vous devez les avoir à portée de main pour éviter de vous lever et donc de vous déconcentrer.

Enfin, n'oubliez pas de fermer la porte de votre bureau en fin de journée afin de bien séparer cette partie de votre vie avec votre foyer.

Que faut-il retenir ?

Travailler de chez soi épargne la fatigue des déplacements, permet un gain de temps, mais n'est pas sans inconvénient. Il peut être tentant d'allonger ses journées de travail, de retourner à son bureau après dîner ou durant le week-end… Ne tombez pas dans cet engrenage, ne laissez pas le travail empiéter sur vos autres activités et vos relations sociales. Un quotidien sans emploi du temps aménagé mène à une vie stressante, déséquilibrée physiquement et émotionnellement. Le risque est de se désociabiliser, en restant chez soi, devant son ordinateur et, insidieusement, de fermer sa maison intérieure au reste du monde ; ce qui peut mener à des formes de mal-être, de dépression, de sentiment de déconnexion avec les autres. Que vous pratiquiez le télétravail ponctuellement ou en permanence, commencez par établir des règles, un cadre pour votre activité professionnelle, et respectez-les.

13
Un sanctuaire pour s'éveiller et s'épanouir

Chambre d'enfant

Elle est à la fois notre premier espace personnel, mais aussi le lieu où l'on construit les fondations de notre maison intérieure.

Une naissance se prépare physiquement pour la mère, et psychologiquement pour les deux parents. La chambre d'enfant est généralement aménagée avant la naissance du bébé. C'est durant cette période que sont choisis les meubles, les matériaux, les couleurs pour accueillir le nourrisson dans les meilleures conditions, pour que cette pièce, où il dormira, jouera, s'éveillera, s'épanouira, lui appartienne pleinement. Chez un bébé, tous les sens sont davantage en éveil que chez l'adulte : il est sensible à son environnement sonore, olfactif et aux objets qu'il touche, bien plus qu'à ce qu'il voit. En effet, à la naissance, sa

vue est faible, et il ne distinguera les couleurs qu'au bout de quelques semaines.
Dans le chapitre consacré aux sons, j'ai évoqué l'histoire du berceau installé au milieu de la pièce, plutôt que contre un mur, pour que les cris et les pleurs résonnent moins. Il est essentiel que la chambre soit bien insonorisée afin d'éviter les bruits qui pourraient perturber l'enfant. Si ces derniers font partie de notre quotidien, l'oreille du nourrisson est, quant à elle, encore très fragile et doit se développer progressivement. De même, rappelez-vous qu'un bébé porte n'importe quel élément à sa bouche ; c'est de cette façon qu'il appréhende le monde au début de sa vie et assouvit son besoin de succion. S'il est important de le garder à l'abri de toutes matières toxiques ou chimiques, comme la peinture de certains jouets ou des produits d'entretien, il est essentiel qu'il se constitue un système immunitaire en évoluant dans un milieu non stérile. L'enfant est également très réceptif aux odeurs : celle de sa mère mais aussi toutes celles qui lui sont familières lui apporteront un sentiment de sécurité. Un doudou, un lange dans son berceau vont le rassurer, qu'il les touche, les sente ou les mette dans la bouche. Et, évidemment, l'atmosphère de la chambre doit être saine : tous les matériaux constitués d'éléments assemblés chimiquement sont à éviter. Choisissez des matières naturelles, telles qu'une moquette ou un tapis en pure

laine, des bois massifs, des draps en coton ou en lin, des peintures à l'eau. Bannissez aussi les parfums d'intérieur ainsi que les diffuseurs d'huile essentielle, dont la fragrance peut être trop forte pour l'odorat du nourrisson. L'enfant développera aussi peu à peu sa vue dans cet environnement, et il faut donc veiller à ce que la pièce bénéficie d'une bonne luminosité naturelle mais aussi de lumières artificielles adaptées. De la même manière, les couleurs sont primordiales pour son développement émotionnel. Certains parents restent fidèles aux traditionnelles : le bleu pour les garçons et le rose pour les filles. Mais aujourd'hui, beaucoup cassent les codes et s'autorisent des fantaisies, tout en restant dans des tons pastel, doux, plus neutres, comme le jaune, le vert, le violet, le gris, qui correspondent autant à un garçon qu'à une fille. La chambre d'enfant est d'ailleurs le reflet de la personnalité et du goût des parents. Pour reprendre l'exemple de ce couple – qui m'avait contacté pour aménager la pièce de leur futur fils –, tous deux m'avaient fait part de leur désir de transmettre leur passion : ils avaient énormément voyagé à travers le monde, adoraient les safaris-photos et étaient fascinés par la faune si variée sur les différents continents, et ils souhaitaient que leur fils ait, dès son plus jeune âge, ce goût de la diversité. Mon idée a été de peindre, sur les murs, les six continents, en indiquant en rouge le nom de chaque pays et en utilisant

plusieurs teintes pour le reste : beige pour les déserts, plusieurs nuances de vert pour les forêts, gris et blanc pour les zones montagneuses et enneigées, bleu foncé pour les océans et turquoise pour les mers. Sur chaque continent, et selon sa propre faune, j'avais fait coller avec un système de velcro des animaux en peluche. De cette manière, l'enfant allait pouvoir s'amuser avec ces derniers et, progressivement, en grandissant, apprendre leurs origines et leur attribuer la bonne zone géographique.
D'ailleurs, la chambre d'enfant est la pièce qui va le plus évoluer avec l'âge de son occupant. Je suis moi-même le cadet d'une famille de trois enfants – j'ai un frère de deux ans mon aîné et une sœur plus jeune de trois ans et demi. La chambre de mon frère, bien que très similaire à la mienne dans son agencement, était pourtant différente sur le plan décoratif : il était en effet passionné de montagne et d'aviation, et on y trouvait des photos du massif du Mont-Blanc, des cristaux rapportés lors de ses randonnées mais aussi, avant même qu'il devienne pilote, des magazines sur l'aviation, des maquettes d'avions et d'hélicoptères. Tandis que ma chambre était constituée d'une platine et d'une collection de disques, de posters de films, de magazines sur le cinéma, de livres d'histoire, d'art, d'architecture. J'étais aussi fasciné par les voyages depuis l'enfance – nous avions d'ailleurs eu la chance d'en faire quelques-uns en famille –, et je rapportais toujours

des souvenirs, des photos et des babioles que je conservais sur des étagères comme des trophées. Passionné d'équitation, j'avais acheté dans un vide-greniers une vieille selle que j'avais placée sur un petit tréteau faisant alors office de tabouret. **Chacune de nos chambres était devenue notre « sanctuaire », révélant nos personnalités en développement, qui s'affirmaient et nous distinguaient l'un de l'autre.**

À la fin de mon adolescence, alors que j'étais en vacances chez mes parents, j'ai ressenti le besoin de refaire complètement ma chambre. J'étais scolarisé en internat depuis l'âge de 9 ans, si bien que je n'avais pas une relation particulière et quotidienne avec cette pièce. Je désirais marquer mon environnement, avec cette volonté d'affirmer ma maturité, de sortir de cette adolescence qui m'oppressait. J'ai alors retiré tout ce qui ressemblait de près ou de loin à une chambre d'adolescent et même d'enfant pour le remplacer par des objets rapportés par mes parents lors de leurs voyages, et entreposés jusqu'alors dans le grenier : des tableaux, des gravures, des grands classiques reliés en cuir qui se substituaient à mes romans d'aventures, des meubles, etc. J'ai acheté à la quincaillerie du quartier de la toile de jute autocollante afin d'en revêtir les murs peints en blanc. La moitié de la pièce était recouverte de bois et l'autre était tapissée de tissu vert clair – une couleur qui me rappelait la Provence. Ce choix n'était pas anodin : mes parents habitaient dans un grand chalet à Chamonix, et je ne me sentais bien que dans des lieux éloignés de l'atmosphère de la montagne et des vallées encaissées. En effet, j'étais vraiment épanoui pendant la période estivale, lorsque nous nous rendions sur la Côte d'Azur. Les odeurs de la mer, des pins parasols sous le soleil, le chant des cigales, les couleurs chaudes de ces paysages, la ligne d'horizon, si pure : tout cela me permettait d'avoir l'impression d'être libre, en harmonie avec mon environnement et mon corps. Depuis, j'ai toujours cherché à retrouver cette sensation, quel que soit le lieu où je vivais. Et c'est seulement après avoir perdu la vue que j'ai pris conscience de l'importance de cet environnement, qui m'apaisait, me guérissait de toutes les plaies que la vie m'avait infligées.

Dans la première maison que j'ai transformée en étant non-voyant[1], j'ai ressenti ce besoin d'intégrer ces éléments : les couleurs, les odeurs, les matériaux et l'énergie qui me ramenaient à ces moments où je me sentais si vivant. **C'est donc dans cette chambre d'adolescent, en la redécorant, sans même en prendre conscience, que j'ai mis en évidence ce qui allait correspondre au bien-être dans ma maison intérieure.**

1. Cf. le chapitre 1.

Si vous êtes jeunes parents, instaurez rapidement des codes de fonctionnement et apprenez à votre enfant à se responsabiliser, par exemple en lui montrant la manière dont il doit ranger ses jouets, ses vêtements. De cette façon, il se sentira vite propriétaire de cet espace et pourra y créer son propre univers. Sa chambre deviendra une sorte de laboratoire où il affirmera ses goûts, ses passions. Il doit s'y sentir en sécurité et libre pour mener ses expériences de vie, construire au fil des années sa maison intérieure.

La chambre d'enfant est, en effet, celle où l'on grandit, où l'on forge sa personnalité, où l'on se cherche et où l'on commence à s'exprimer à travers sa propre décoration. Ainsi, elle nous marque toute notre vie. Lorsque nous sommes bébés, elle est d'abord un cocon dans lequel on se sent rassuré par la présence de nos parents, avec un aménagement choisi par eux, puis elle devient au fil des années notre antre, jusqu'à en interdire éventuellement l'accès à l'adolescence. Pour les parents, mieux vaut respecter ce désir d'intimité, de secret pour entretenir une relation de confiance avec son enfant et l'aider à trouver son équilibre, lui permettre de prendre son indépendance. Plus tard, si nous retournons dans cette chambre d'enfant, qu'elle soit ou non restée en l'état, elle nous émeut car elle ravive de bons et de mauvais souvenirs.

Elle nous permet aussi de considérer le chemin parcouru et de toujours mieux connaître les fondations de notre maison intérieure.

Que faut-il retenir ?

Une chambre de bébé doit être à la fois reposante et sécurisante mais aussi participer à l'éveil de l'enfant. Il vaut mieux la séparer de l'énergie et de l'ambiance du reste du foyer pour répondre aux besoins spécifiques d'un tout-petit. Cette pièce est d'abord le reflet des goûts des parents, voire parfois de ce qu'ils projettent sur leur bébé avant même la naissance. Mais au fur et à mesure qu'il grandit, il faut que l'enfant modèle lui-même son environnement. Vous pouvez, par exemple, l'inviter à choisir les meubles, à décorer les murs : ainsi, il posera les premières pierres de sa maison intérieure.

Conclusion

Nourrir un peu plus chaque jour sa maison intérieure

Il m'a fallu du temps, et le destin qui m'a fait devenir aveugle, pour comprendre combien notre habitation influence notre vie intérieure, reflète notre personnalité et notre état d'esprit.

Une fois ce livre refermé, j'espère que vous aurez trouvé ou retrouvé un supplément d'énergie positive, en vous inspirant de ce que j'ai partagé ici avec vous. J'espère également que vous saurez mieux examiner et ressentir votre logement pour en tirer le maximum de bien-être et vous débarrasser de ce qui vous nuit. Il n'est pas rare d'entendre certaines personnes se plaindre de tel ou tel aspect de leur maison : trop encombrée, difficile d'entretien, etc. Elles n'imaginent pas qu'elles pourraient y remédier par leur seule volonté. De même, elles n'ont pas conscience que ces problèmes matériels ont un réel impact sur leur moral.

Pourtant, tout comme nous sommes maîtres de nos sentiments, nous sommes libres d'agir sur notre environnement. Les éléments qui engendrent mal-être et pensées négatives déséquilibrent notre maison intérieure, mais il faut garder en tête qu'ils peuvent toujours être corrigés en harmonisant tous nos sens, en partant à la quête du bien-être dans notre habitation. **Nous sommes tous acteurs de notre architecture intérieure et de notre décoration, nous le sommes tout autant de la construction de notre maison intérieure, de notre mental et de nos émotions.**

Écrire ce livre a été aussi une nouvelle aventure pour moi : il m'a permis d'enrichir encore ma maison intérieure. Habitué à m'exprimer à l'oral, notamment au cours de conférences, j'ai eu ici l'occasion de parler autrement. Écrire, c'est prendre conscience du pouvoir des mots et des différences, parfois subtiles, entre un terme et l'un de ses synonymes. Écrire, c'est prendre le temps d'organiser sa pensée selon un schéma plus construit qu'à l'oral, où nous sommes parfois dépendants des réactions, des questions des interlocuteurs et auditeurs. Ce livre m'a permis de synthétiser bon nombre de réflexions, de prendre du recul sur mes expériences personnelles et

professionnelles pour les partager ensuite avec un public plus large, vous.
J'ignore qui vous êtes, chers lecteurs, mais en écrivant je pensais à vous et à l'énergie que je pourrais vous transmettre à travers mes mots.

P-S : N'oubliez pas de fermer les yeux plus souvent afin de mieux voir et de mieux découvrir votre maison intérieure.

Remerciements

Je tiens à remercier mon époux, Jacques Bot, pour son assistance et soutien, ainsi que mon ami Sylvain Marceau.
Je dédie ce livre à ma cousine, Clarens Loth T. Nadeau, qui nous a quittés bien trop tôt et qui me manque beaucoup.
Je remercie mon éditrice, Delphine Roché, pour notre belle collaboration.

MIXTE
Papier issu de
sources responsables
FSC® C003309

Les papiers utilisés dans cet ouvrage
sont issus de forêts responsablement gérées.

Achevé d'imprimer en décembre 2019
par Normandie Roto Impression s.a.s.
61250 Lonrai
N° d'impression : 1905777

Imprimé en France